本书为：
2016 年度河南省科技计划软科学项目："'互
文化创意产业与旅游产业融合发展研究"阶段性成果（项目编号：
162400410491）

当代文化创意产业

理论与实践研究

史澎涛　著

中国水利水电出版社
www.waterpub.com.cn

内 容 提 要

　　本书在论述文化创意产业的内涵、特征、功能等的基础上,重点研究与分析了文化创意产业的组织机制、文化创意产业的投资、文化创意产业集群的发展、文化产业创意人才的培养及管理、我国文化创意产业的发展状况、我国文化体制改革与文化产业体系创新等内容。全书条理清晰,逻辑严谨,行文流畅,不仅具有较强的理论性,还具有较强的实践指导性。

图书在版编目(C I P)数据

当代文化创意产业理论与实践研究 / 史澎涛著. --
北京 : 中国水利水电出版社,2016.6(2022.9重印)
ISBN 978-7-5170-4277-8

Ⅰ. ①当… Ⅱ. ①史… Ⅲ. ①文化产业－研究－中国
Ⅳ. ①G124

中国版本图书馆CIP数据核字(2016)第084460号

策划编辑:杨庆川　责任编辑:陈　洁　封面设计:马静静

书　　名	当代文化创意产业理论与实践研究
作　　者	史澎涛　著
出版发行	中国水利水电出版社
	(北京市海淀区玉渊潭南路1号D座　100038)
	网址:www.waterpub.com.cn
	E-mail:mchannel@263.net(万水)
	sales@mwr.gov.cn
	电话:(010)68545888(营销中心)、82562819(万水)
经　　售	北京科水图书销售有限公司
	电话:(010)63202643、68545874
	全国各地新华书店和相关出版物销售网点
排　　版	北京鑫海胜蓝数码科技有限公司
印　　刷	天津光之彩印刷有限公司
规　　格	170mm×240mm　16开本　9.75印张　126千字
版　　次	2016年6月第1版　2022年9月第2次印刷
印　　数	2001-3001册
定　　价	36.00元

前　言

　　文化创意产业是一个适应知识经济时代需要而产生的新兴产业门类。从产生到现在,它经历了一个由弱到强、由分散到集中、由自发到自觉的演变过程。进入 21 世纪以来,它更是凭借自身优势及强大的经济文化功能大力推动了国民经济的高速发展。

　　文化创意产业所涉及的内容非常之多,并且随着这一产业的飞速发展而不断增多。因此,研究文化创意产业就必须全面考虑,不仅要考虑政策、组织机制、投资、城市、全球化等元素,还要考虑公众文化、数字技术、人才培养等元素。同时,我们还要客观地看待文化创意产业,不能盲目乐观,要注意到一些批判性的讨论,要在反思新经济的过程中辩证地探讨文化创意产业。

　　从目前来看,我国学术界对文化创意产业的研究越来越关注,尤其是自 2006 年以来,有关文化创意产业的研究成果越来越多,并且不再局限于理论上的研究。文化创意产业确实有着不错的发展前景,但是要想让其按照理想的图景去发展,就必须要重视很多方面的问题。因此,为了进一步丰富和深化人们对文化创意产业的认识与研究,给文化创意产业领域的相关人员提供良好的理论与实践指导,促进文化创意产业的发展,作者专门撰写了《当代文化创意产业理论与实践研究》一书。

　　本书内容共分为七章。第一章是对文化创意产业总的概述,包括文化创意产业的内涵、特征、功能、发展的基本要素等;第二章对文化创意产业的组织机制进行了研究;第三章对文化创意产业的投资进行了研究;第四章对文化创意产业集群的发展进行了分析;第五章对文化产业创意人才的培养及管理进行了研究；第六章对我国文化创意产业的发展状况进行了研究；第七章对我国文化体制改革与文化产业体系创新进行了探讨。

本书是作者在搜集与阅读大量相关资料的基础上根据自身经验与相关调查实践撰写而成的。总体上，本书呈现了以下几个方面的特点。

第一，本书不仅重视对国内外已有文化创意产业研究成果的归纳、总结和概括，而且还注重在这些已有研究成果的基础上进行理论创新，使内容带有崭新的视角。

第二，本书在保证文化创意产业基本理论框架的前提下，注重理论与实践的结合，并更加注重给行业相关人员提供实践指导价值，凸显本书的实用性。

第三，本书力求将产业经济学的一般性与文化创意产业的特殊性充分结合起来，并以深入浅出的写作风格来阐释文化创意产业。

在撰写本书的过程中，作者参阅和引用了诸多国内外同行的相关著作和文献，在此表示衷心的感谢！由于时间和其他一些因素的影响，本书在体系、结构、观点等方面可能存在着一些不足之处，希望广大读者、专家学者不吝赐教，以便日后更好地完善此书。

作　者

2016 年 2 月

目　录

第一章 文化创意产业概述

21世纪以来,文化创意产业取得迅速发展,逐渐成为一个国家或地区的支柱产业和综合竞争力的重要内容之一。然而,作为一种新兴的产业,目前国内外理论界对文化创意产业的认知仍处于探索阶段。本章内容主要对文化创意产业的内涵、特征、功能以及文化创意产业发展的基本要素等相关问题进行分析。

第一节 文化创意产业的内涵

一、文化创意产业的概念

文化创意产业是文化与产业的联姻,并且将创意作为连接的纽带。它是在产业层面对我国政治、历史、文化、经济等方面的高度融合,既扩充了文化产业的内容,又适应了我国当前社会发展的需要。人文与创意是文化创意产业的起点,但它并不能直接转换为财富,必须经过一个产业化的过程,才能成为市场上的商品或服务。文化创意的产业化和产业的文化创意化,是文化创意和产业相互交融的过程。文化创意产业不同于传统静态化的文化产业,它更加注重蕴含着人的智慧和文化积淀的市场因素,或者通过市场转化为物质财富的文化因素。

文化创意产业主要是在创意的引导下,生产出文化、娱乐等精神层面的产品,以满足大众的消费需求,同时也是文化产业中最具创新性和先导性的重要组成部分,它是文化与当代先进科技、工业、服务业相结合的产物,通过人具有创造性的设计,推动工业和服务业的不断升级。

就概念而言,文化创意产业包含了文化、创意、产业三个基本的内容,这三个要素共同构成了文化创意产业的内涵。因此可以将文化创意产业定义为:"基于文化要素的创意和运用,通过高科技和智力紧密融合的创作、生产方式,生产、提供以文化内容为核心或重要元素的高附加值产品及服务的,具有规模化生产能力和广阔市场的产业。"①

二、文化创意产业与文化产业的关系

对于文化创意产业的认识,在国内外尚未形成定论。有些学者认为文化创意产业与文化产业在具体的门类方面并没有很大的差别,文化创意产业的提出并没有多大的实际意义。然而,更多的学者认为文化创意产业与文化产业二者在内涵方面有着不同的侧重点,文化创意产业具有新的时代意义,它强调"创意"的核心作用。

金元浦认为,"文化创意产业一方面是在过去总体的文化产业基础上发展起来的产业概念,另一方面又是不同于过去文化产业的新的产业形态,是对新业态的概括、总结和发展。就其基础来说,文化创意产业往往是在制造业充分发展、服务业不断壮大基础上形成的,是第二、第三产业融合发展的结果。"②

沈望舒认为,"文化创意产业与文化产业等内容上不同侧重的概念,具有认识上的积极意义。文化创意产业概念的适时提出,警示社会克服轻视、忽视甚至无视文化原创的缺点,使极其依赖个体人脑和人的心智功能的文化创造劳动,得到信息流、人才流、资金流、消费流的支持,让文化创意体现文化的经济价值,成为重要的核心竞争力,推动文化供应链和文化创意产业链走

---

① 赵英,向晓梅,李娟:《文化创意产业现状与发展前景》,广州:广东经济出版社,2015年,第37页。
② 金元浦:《文化创意产业与北京的发展》,前线,2006年第3期。

向完善。"①

（一）文化创意产业与文化产业是一脉相承的

有学者认为，"当代文化创意产业，是一种在全球化和现代化、信息化和科技化、人文化和知识化的创造与消费的社会背景下所建构起来的新理念和新产业，同时也是一种在文化与经济实现相融互渗的历史条件下所形成的新实践与新发现，它源于人本与人文对创意产业和创意经济的智能化切入与社会化产出，所以在本质上，它是一种注重人文、推崇创新、激扬个人创造力和强调文化对经济的渗透、驱动与支持的新型文化创意产业。"② 在知识经济和信息时代的背景下，文化创意产业在经济、科技、文化等的推动下，逐渐从观念探讨的理论层面向实践层面转变。

目前，对于文化创意产业与文化产业的区分已经成为重要的研究内容。但需要注意的是，二者之间具有密切的联系。传统文化产业是文化创意产业产生的基础。例如，文化产业强调文化与产业的对接，在对文化进行挖掘与开发的过程中，激活其内在的经济价值。这种强调"文化"与"产业"对接的理念，为当代文化创意产业的发展指明了方向。"文化"与"产业"在对接的过程中，拉近了文化产品与普通大众之间的距离，大众文化产品成为文化产业中一种重要的类型。当代文化创意产业从大众文化产品的生产、营销过程中获取了丰富的经验。

（二）文化创意产业与文化产业具有差异性

文化产业的实践过程可以分为生产型产业和创造型产业两个阶段。生产型产业是低级阶段，主要是对成型的文化产品进行简单的复制；而创造型产业是高级阶段，注重创新，关注人类的智慧的发挥，即所谓的文化创意产业。

---

① 沈望舒：《关于"文化创意产业"的理解与发展要务》，北京观察，2006年第3期。
② 艾斐：《从文化走向经济的发展趋势与实现方式——兼对文化创意产业和文化资源价值转换的理论评析与时代解读》，理论与创作，2007年第3期。

目前,文化创意产业生产的产品已不是大众消费的终极文化产品,而是包括前期的创意、中期的生产、市场的运作以及后期相关产品的开发等在内的完整链条。因此,文化创意产业具有比文化产业更多的优势,具有不同于文化产业的一些特点。

1. 突出"创意"在产业发展过程中的核心作用

在文化创意产业中,创意逐渐成为产品生产、推广乃至消费的核心。对"创意"本身的关注也正是当代文化创意产业最突出的特点。

文化产业在发展过程中也经历了从理论探讨层面向实践—应用层面的转型。在理论探讨过程中,作为文化产业的理论先驱,法兰克福学派批判了市场化对文化的负面影响,即在对接过程中,"产业"对"文化"产生的一些歪曲化的影响。在法兰克福学派看来,工业化按照一定的标准,大规模复制各种产品,它对文化的侵入使得一切文化产品都变得"相似"。"电影、收音机、书报杂志等是一个系统。每一领域是独立的,但所有领域又是相互联系的……在垄断下的所有的群众文化都是一致的,它们的结构都是由工厂生产出来的框架结构,这一点已经开始明显地表现出来。"① 于是,文化产品的主题、结构等方面表现出一种相似性,而真正的冲突、实质的发展都不见了。

与文化产业不同的是,文化创意产业产生在经济和新技术快速发展的背景下,并与产业链的各个环节产生联系,对它们进行了重组。创意是文化创意产业的核心与关键,与文化产业相比,它有着更直接、更重要的表现。

2. 突出"创意"在产业链发展中的动力作用

文化创意产业主要通过创意的核心作用带动相关产业共同发展,其发展模式由文化产业的线性层递转变为齐头并进。

"创意"的外溢效应与黏合作用能够使原本不相干的产业门

---

① [德]霍克海默、阿多尔诺著,洪佩郁、蔺月峰译:《启蒙辩证法》,重庆:重庆出版社,1990年,第112～113页

类联系起来,重新进行整合。创意因素广泛存在于产业之中,在产业价值链中占有重要的位置。对每一个产业中的文化创意因素进行挖掘与开发,进而增加产品的附加价值,培育自身独有的核心竞争力,这也正是文化创意产业价值的关键。

可以看出,与传统产业的产业链不同,文化创意产业是以创意为核心,创造出独具特色的产品,改进营销策略,并通过后衍产品的开发,形成一条完整的产业链。

第二节　文化创意产业的特征与功能

随着知识经济时代的到来,文化创意产业作为一种新兴产业,不断发展成为全球公认的"黄金产业"。而其之所以能够成为时代的"新宠",是因为它自身具有不同于其他产业门类的特征,并且对社会的进步发挥着重要的作用。下面主要对文化创意产业的特征和功能进行探讨。

一、文化创意产业的特征

(一)渗透性与外延性相统一

作为文化创意产业的核心生产要素,信息、知识以及科技等无形资产,能够为产业的发展创造出高附加值。好的创意往往能够生产出大量的后续产品,形成完整的相关产业链乃至产业群,进而获取巨额的经济效益。创意作为文化创意产业的核心,对于带动相关产业乃至不同国家和地区的整体发展具有重要的影响。

(二)高附加值与高风险相统一

文化创意产业在带来高附加值的同时,往往也具有较高的风险性。附加部分资本、劳动力等高附加值的实现主要依赖于知识密集型的核心创意。当然,在高科技日益发达的今天,特技等当代科技的运用对于产品的开发具有非常重要的影响,但高科技本身也是以良好的创意为基础的,并在运用过程中获得市场的成功。

毋庸置疑,所有的行业都有风险,并且利润越高的行业风险性也往往越大。就文化创意产业而言,其之所以具有较高的风险性,一方面是因为文化创意产业以创意为核心的产品生产机制;另一方面是因为以文本为交易主体的利润回收方式。创意的产生以及创意带来的市场回报都是不可预测的。

（三）再生性、经济性与环保性相统一

自然资源、物质资源和一般的人力资源等要素在传统产业的发展过程中发挥着重要的作用。而在文化创意产业中,起主导作用的则是文化、信息和教育等新型资源。也即是说,文化创意产业是一种新型资源产业。而作为具有鲜明特色的新型资源产业,文化创意产业具有以下几方面的特点。

第一,文化创意产业的资源具有可再生性。文化创意产业资源不同于自然资源,有学者认为,"文化创意产业的发展是以历史沉积的文化资本为基础的,通过现代创意激活传统文化的精华,使其重新焕发青春,成为能够被当代受众所接受的文化产品。在这一过程中,传统文化资源得到复用,同时文化创意产业本身的发展也进一步丰富了文化的内涵与外延,呈现出可持续性发展的良性循环。"①

第二,文化创意产业不仅具有服务功能,可以作为重要的资源在经济系统中产生效益,而且文化创意本身还能够带动消费者需求,创造市场。相关研究表明,人们在消费文化产品时,往往更倾向于那些在文化内涵、价值观念等方面比较熟悉的产品。

第三,文化创意产业具有环保性。文化创意产业的发展主要

---

① 侯博,孙延华:《文化创意产业是适应首都经济发展的新型资源产业》,宏观经济研究,2007 年第 6 期。

依赖于文化传统、创意观念等,而并非自然资源。因此,它在获取巨大的经济效益的同时,基本上不会对自然资源、自然环境造成损害。

（四）文化性与创新性相统一

文化创意产业将文化内容作为其核心价值,将创意作为其发展的动力。面对同样的文化内容,开发出的产品越具创意性,其市场影响力就会越高。相反,如果没有融入一定的创新性的元素,即使文化内容再丰富,也很难将其转化为具有市场竞争力的产品。可以说,创新性对于文化创意产业的发展起着至关重要的作用。对创新性的过度依赖,是文化创意产业的突出特征,加强创新能力,也是提高文化创意产业竞争力的重要手段。

文化创意产业发展过程中的创新主要包括"原始性创新、组合式创新、延伸性创新和再生性创新等不同的创新类型"[1]。不同的文化创意产品往往会选择不同的创新类型。例如,动漫产品往往对原始性创新有着较高的要求。动漫产品的表现形式决定了它很难通过明星吸引观众,因此将重点放在了其内容的新颖性上,通过原创性的故事内容吸引观众,进而获取市场上的成功。而原创性创新不足,正是制约我国动漫产品国际影响力的主要因素。与动漫产品相比,影视产品对原始性创新的要求要低得多。在影视产品中,即使是那些已经被人们熟知的文化内容,通过组合式创新、延伸性创新、再生性创新,都可以生产出具有市场竞争力的文化创意产品。但是,这并不意味着影视产业中的创新性因素不重要。影片的续集、翻拍、改编与以前的影片或文学产品往往会产生很大的不同,这种不同本身就是创新性要素的融入。

无论是哪种文化创意产业门类,创新性都是其重要的特征,也是其赖以发展的决定性因素之一。创新方式多种多样,但没有

---

① 花建:《创新·融合·集聚——论文化创意产业、信息技术与城市空间三者间的互动趋势》,社会科学,2006 年第 6 期。

创新性的文化创意产品很难在市场上立足。

二、文化创意产业的功能

（一）文化创意产业的经济功能

文化创意产业的经济功能主要表现为以下几个方面。

第一，文化创意产业能够推动一个国家或者地区经济的发展。文化创意产业在推动经济发展、创造就业机会等方面发挥着重要的作用。

第二，文化创意产业能够加速区域产业结构的不断优化。对于区域经济发展而言，高附加值的产业逐步替代低附加值的产业是其发展的必然趋势。因此，在经济结构中，第一产业的比重会不断降低，第二、第三产业的比重将逐步增加。配第明确指出："制造业的收益比农业多得多，而商业的收益又比制造业多得多。"[①]产业间的收入差异往往会带动劳动力从低端产业向高端产业的流动。

第三，文化创意产业能够提高企业的知名度，增加产品的附加值。对于企业发展而言，好的策划和创意有利于大幅度提高企业知名度，扩大市场占有率，增加其产品的附加值，并使许多传统产业和传统产品焕发新的生机。

与此同时，文化创意产业高附加值的特点，会使得文化创意产品为企业带来巨大的利润。以电影产业为例，目前很多电影公司都处于实力雄厚的跨国公司的庇护之下，与其他产业资本有着密切的联系。正如《综艺》的编辑彼得·巴特所说："任何一个电影公司或者电影网络，如果说自己处于破产的边缘，那它们根本就是在说谎，因为，很显然它们处在财力雄厚的大公司有力的庇护之下。我的意思是说，它们甚至根本就不是公司，它们是某

---

① ［英］威廉·配第著，陈东野译：《政治算术》，北京：商务印书馆，1960年，第19页。

种形式上的帝国。美国在线—时代华纳是一个帝国,维望迪也是。"① 作为庞大企业的一部分,文化创意产业的表现往往引人注目,能够为母公司创造极高的利润。

（二）文化创意产业的社会功能

文化创意产业的社会功能主要表现为以下几个方面。

第一,文化创意产业的发展能够生产出大量的精神文化产品,满足人们日益增长的精神文化需求。

第二,文化创意产业的发展能够促进教育的普及。文化创意产品不仅仅是娱乐性的,往往还包含着丰富的文化知识。例如,《福娃奥运漫游记》就通过动漫的形式,全面、通俗地向人们介绍了各种奥运知识、历届奥运会的举办情况等,使人们在轻松娱乐的同时了解到更多的与奥运相关知识。

第三,文化创意产业的发展能够促进社会事业的不断进步。例如,奥运会徽的设计、体育彩票的发行等都能为社会事业的发展带来巨大的收益,从而推动社会健康发展。

（三）文化创意产业的文化功能

文化创意产业的文化功能主要表现为以下几个方面。

第一,文化创意产业的发展使不同文化类型之间的界限不断变得模糊,改变了社会整体的文化格局。随着文化创意产业的不断发展,大众文化的地位得到提升,其他类型的文化也都按照特定的形式不断向前发展。

第二,文化创意产业的发展加快了文化"全球化"的步伐,使世界各国间的文化边界变得模糊。在全球化的进程中,文化逐渐成为全人类的共同财富,各国传统的文化边界变得越来越模糊。好莱坞电影可以主动"拿来"任何一种人类优秀的历史文化,如

---

① ［美］珍妮特·瓦斯科:《浮华的盛宴——好莱坞电影产业揭秘》,北京:中信出版社,2006 年,第 62 页。

《埃及艳后》《花木兰》《功夫熊猫》，等等。从根源上讲，这些文化都不是美国的，但是，美国电影、动漫等大众文化产品却能够在没有文化根基的情况下成为全球的赢家。究其原因，主要在于美国在"文化"之外，非常注重"创意"和"产业"的发展。

日本动漫产业在发展过程中，也推动了文化全球融合的步伐。日本学者加藤周一认为，日本文化本身就是一种"杂交文化"，它善于在保持自身独立性的基础上，积极借鉴异域文化。有学者认为，"日本动漫产品将东西方文化和审美情趣融会一身，在很多动漫产品中，具有东方价值观念和面孔的主人公生活在西方的世界里，'脱日化'的形象，如大大的眼睛、金黄的头发、白人的脸形以及曲线夸张的身材，有意为之的'全球性'和对人物、地域的'文化模糊'处理，使日本动漫能够迅速地被世界各地区的受众理解和接受。"①

第三节　文化创意产业发展的基本要素

作为当今时代非常重要的一个产业门类，文化创意产业的出现并非空穴来风，而是有着其发展的文化、社会和技术环境，同样，文化创意产业的当代发展也需要各种相关要素的支持。有学者以迈克尔·波特的"钻石模型"为基础，将文化创意产业的发展要素分为"生活要素、市场需求、个人和企业战略、相关和支持产业、政府要素和机遇六大要素"②。其中的每个相关要素都是不可或缺的，它们在文化创意产业发展过程中起着或大或小的作用。下面主要从政策支持、人才培养、市场开发、科技创新等方面出发，对文化创意产业发展的基本要素进行分析。

---

① 崔磊，王晓露：《动漫：日本外交的轻武器》，环球，2006-12-1。
② 朱晓青：《文化创意产业的特点和发展条件探讨》，新视野，2006年第3期。

一、政策支持要素

（一）政策支持体系建设

政策支持体系是文化创意产业发展的一个重要因素。文化创意产业的发展不是没有秩序的，更不是自发的，政府应通过制定相关的政策推动文化创意产业的健康发展。有学者指出，"要发展文化创意产业，必须创造一种宽松的政策和制度环境，制度环境从某种意义讲对产业核心要素，如创意内容的范围、人才和资本流动的影响是决定性。"[①] 从世界文化创意产业的发展来看，完善的政策是创意产业持续健康发展的重要保障。

发达国家很早就充分认识到了政策支持体系对于文化创意产业发展的重要意义，并付诸实践。美国一直不断完善相关政策和法律法规，坚持对内放松管制、对外进行文化扩张的原则，为文化创意产业的发展提供了良好的外部环境以及有力的政策保障。日本早在 1995 年便确立了在 21 世纪的文化立国方略，并制定了十分完备的文化创意产业方面的法律法规，根据时代发展的需要，日本政府一方面不断对原有法律法规进行修订和完善，另一方面，根据产业发展的需要，不断制定新的相关法律。

文化创意产业的政策支持体系涉及多个方面，如法律法规、投融资政策、管理模式、安全监管，等等。总体而言，作为一种准公共产品，文化产品既具有经济属性，也具有文化属性。根据文化产品的这一双重属性，政府在制定文化创意产业政策时，应坚持两个"价值最大化"原则，即商品价值最大化、社会价值最大化。如果不能达到商品价值的最大化，文化创意产业的经济属性就会受到压制，难以在市场中形成强大的竞争力；而如果不能实现社会价值的最大化，文化创意产业的文化属性就不能得到体现，进而导致文化创意产业发展畸形，不利于社会的健康发展。因此，

---

① 丁俊杰：《对文化创意产业发展的观察与思考（三）》，大市场·广告导报，2007 年第 1 期。

政府在制定相关政策时,要为商品价值规律发挥作用创造条件,从直接干预向宏观调控转变,确保文化市场充满生机活力。

(二)我国文化创意产业政策的发展

从目前的发展状况来看,我国文化创意产业的相关政策法规仍不完善,与发达国家相比存在很大的差距。相关政策法规明显滞后于文化创意产业发展的实际情况,未能达到产业发展的要求。但纵向来看,我国的文化创意产业政策法规已经取得了非常明显的进步,可以将其发展历程分为以下几个阶段。

第一阶段是管制阶段(1978—1992)。这一阶段,文化创意产业的相关政策基本处于空白阶段。改革开放后,文化的发展空间不断扩展,政府也出台了一些相关的政策,但这些政策主要针对的是发展迅速的文化外围产业,而且其政策基调以管制为主。文化的"产业"属性和地位并未获得其公开的合法性,真正意义上的文化创意产业也没有出现。在一些与意识形态关系并不密切的个别行业,开始出现产业化发展的趋势,如广告业、文化硬件制造业、大众娱乐业等。这一阶段由于没有产业化,也就没有所谓的"产业政策"。但针对文化事业资源、文化娱乐场所等特定行业发展中存在的问题,出台了一系列的政策要求。

第二阶段是发展阶段(1993—2002)。随着社会主义市场经济的发展目标的确立,文化产业化取得了突出的成就。国家相关部门为推动中国文化创意产业的发展,有意识地出台了各种"产业政策"。这一阶段,加快了文化体制改革的步伐,并逐渐放松了对文化创意产业的管制力度,极大地调动了各方面发展文化创意产业的积极性。

第三阶段是繁荣阶段(2003年至今)。中国加入WTO后,面对激烈的国际文化竞争,党和政府开始将文化创意产业作为主导产业门类发展,确立了文化创意产业的战略地位。明确提出了大力发展文化产业的口号,并出台了一系列加快文化体制改革和鼓励各种经济成分共同发展文化创意产业的政策,进一步确立了文化产业的战略地位。

总体而言,我国文化创意产业的政策建设发生了从不自觉到自觉、从被动到主动、从个别到系统的转变,并为我国文化创意产业的蓬勃发展营造了良好的外部环境,提供了有力的政策保障。

二、人才要素

人才是文化创意产业发展的核心要素。理查德·佛罗里达在《创意经济》一书中指出,“创意阶层对于创意产业的发展具有极其重要的作用,从根本上看,文化创意产业的高速发展必须依靠文化创意人力资本的投入产出和文化创意阶层的崛起”[①]。

从国外一些发达国家的发展经验来看,各国文化创意人才的培养在文化创意产业的发展中发挥着重要的作用。美国拥有众多的文化创意人才,因此,美国虽然没有悠久的历史和文化资源,但其凭借实力雄厚的人才优势,从虚拟故事、虚拟人物以及其他民族的历史题材中获取灵感,创造了极具影响力的文化产品,一些传统的文化资源通过美国文化企业的创新、商业的包装,获得了新的生命。日本动漫产业的发达、“韩流”的迅速崛起,也都得益于它们文化创意人才的大量培养。

从目前发展来看,人才的缺乏已成为制约我国文化创意产业发展的主要因素之一。我国的文化创意产业人才尚无法适应产业现实发展的需要。因此,创意人才的教育与培养是我国未来文化创意产业取得大发展的首要条件。关于文化创意人才的培养,本书会在第五章进行系统的论述,在此不再赘述。

三、市场化要素

市场化是文化创意产业发展的关键因素。市场经济的发展在很大程度上决定着文化创意产业的繁荣。另外,国内外文化市场的开发程度,对文化创意产业的发展水平和发展速度有着重要

---

① 官承波,闫玉刚:《文化创意产业总论》,北京:中国广播电视出版社,2008年,第44页。

的影响。可见,市场化是文化创意产业发展的一个重要因素。

（一）国内文化市场的开发

1. 国内文化市场是文化创意产业发展的重要依托

任何一种产业门类的发展,都离不开国内市场的有力支撑,同样的,文化创意产业的发展也要依托于国内文化市场的开发。国内文化市场的开发程度对文化创意产业的发展规模和发展水平有着直接的影响。综观当今国际文化市场的整体格局,可以发现,在国际文化创意产业领域取得突出地位的国家,通常有着较大规模的国内文化市场。例如,美国之所以能够凭借好莱坞电影雄霸全球,是因为有着庞大的国内电影市场的有力支撑。

2. 国内文化市场结构影响着文化创意产业发展的整体格局

文化创意产业可以细分为不同的产业门类,对于不同的国家而言,各文化创意产业门类的发展水平也不相同。一个国家国内文化市场的结构往往会影响着文化创意产业的整体发展格局。那些具有广阔的国内市场的产品,其发展速度也较快,而国内市场较小的产业门类,其发展水平通常也较低。日本动漫产业之所以十分发达,主要是因为其拥有十分庞大的国内市场规模。

就目前发展情况来看,我国国内文化市场结构仍存在许多问题,城乡之间、东西部之间发展不平衡是制约我国文化创意产业发展的重要影响因素。而且,在各种产业门类中,还没有形成具有国际竞争力的龙头行业,这在很大程度上阻碍了中国文化产品走向国际市场的步伐。因此,我国在发展文化创意产业过程中,应积极培育国内市场,在其发展壮大的基础上,改善市场结构,推动城乡、东西部文化市场的全面健康发展。

（二）国外文化市场的开发

1. 全球化成为文化创意产业发展的必然趋势

进入 21 世纪后,随着经济全球化的不断深入,文化竞争也逐渐超越了国家范围,在全球范围内展开,文化创意产业的全球化发展趋势越来越明显,主要表现在以下几点。

首先,文化资源在全球范围展开争夺。在经济全球化的推动下,各国之间有了更为密切的联系,文化资源也逐渐打破了国界,成为全人类的共同财富。许多文化创意企业采取不同的手段,展开了对文化资源的争夺。

其次,文化创意产品生产在全球范围展开合作。文化资源国际化在很大程度上促进了工业生产在全球内的分工以及国际文化市场的扩大。

最后,面向全球的利润回收。在全球化的发展趋势中,很多文化创意产品和企业不断拓展国际文化市场,并从中获取巨额利润。

2. 走向国外市场是中国文化创意产业发展的必然选择

在全球化的背景下,一些文化创意产业发达的国家早已认识到国外市场对于本国文化创意产业发展具有重要的作用,它们通过各种手段,将本国的文化创意产品推向国外市场。例如,韩国将国际市场作为自身发展的大的背景,以东亚地区为跳板,推动了"韩流"文化产品的大量出口。通过市场调研,生产出适销对路产品,并集中力量开发名牌产品,在文化出口战略地区占据有利地位,另外,它还通过设立出口奖励制度等措施积极鼓励国内一些具有竞争力的企业积极向国际市场进军。

中国文化创意产业要取得持续发展,也必须开拓更为广阔的国外市场。加入 WTO 后,中国对外开放的程度大大加深。在竞争激烈的国际社会中,只有积极对自身的文化结构进行改造和转换,才能推进现代化的进程。而人才的培养对社会的发展具有重要的作用。因此,中国在对外开放程度不断深入的过程中,不仅仅要学习和遵循国际经济惯例,还要建立与之相适应符合现代化要求的新文化。这种新文化要求人们用理性和科学的方法认识周围的一切,追求真理以及真正意义上的平等、自由。中国加入WTO 是一次更为全面的对外开放,主要是因为人们的文化观念与思维方式更加开放了。

随着对外开放程度的不断深入,中国文化创意产业逐步融入国际文化市场。在全球文化市场竞争中,我国文化创意产业迎来机遇的同时,也面临着严峻的挑战。因此,进一步提升国际竞争力,拓展国外市场,已经成为中国文化创意产业的一项重要的战略任务。

四、科技创新要素

科技创新与文化创意,是推动当代经济迅猛发展的两个重要因素,也是促进文化创意产业发展的关键。其中,科技创新在文化创意产业发展过程中起着尤为重要的作用,主要包括以下几个方面。

(一)科技创新是文化创意产业发展的重要支撑

科技创新在任何文化创意产业门类的产生和发展方面都有着重要的影响。文化产品的生产本身也需要一定技术手段的支撑,而只有将这些产品大规模地投放市场,文化创意产业才会出现。换句话说,文化创意产业主要是在规模化的文化产品生产和复制的基础上产生。这种规模化的文化产品的生产必须借助于一定的科技手段。例如,图书业、报刊业的繁荣发展主要依赖于激光照排技术的应用;电影产业的进步更是得益于技术的创新。

随着现代科技在文化领域的广泛应用,文化生产彻底摆脱了传统的经营状态,走上了工业化大生产的发展道路,进而形成了今天的文化创意产业格局。数字技术、光纤技术、卫星通信技术等的发展,使文化创意产品从开发、生产、存储、运输、交易到消费都与科技紧密相连。在文化创意产业发展过程中,美国始终积极对高新科技进行研发应用,极大地推动了文化产品的更新换代。20世纪90年代,通过网络技术进行产品销售就已经出现在美国图书出版公司、音像出版公司,一方面为消费者提供了方便,另一方面也推动了图书和音像出版业的发展。

（二）科技创新丰富了文化创意产品的表现形式

科技创新使得文化创意产品的表现形式更加多样化。电脑特技形成的宏大场景、逼真的数字技术等,使得文化产品更加生动直观地呈现在受众面前,极大地吸引了广大受众的眼球。例如,百老汇音乐剧在生产中运用了大量的高新科技,结合高科技的舞台机械、灯光、音响等,创造出新颖独特、华丽壮观的舞台布景,产生一种气势磅礴、震撼人心的舞台效果,很好地与剧情融为一体,展现出传统表演艺术无法比拟的魅力。

好莱坞电影作为美国文化创意产业的主要力量,更是将高科技的作用充分地发挥了出来。一些被人们所熟知的故事在创意激活和高科技包装下,焕发出新的活力,吸引着全球观众的注意力。例如,在电影《侏罗纪公园》中,利用高科技手段,使恐龙扑打飞机残骸、翼龙空中猎取人类等惊险场面真实地呈现在观众面前,电脑特技打通了时间隧道,让恐龙与人类在同一时空中进行惊心动魄的较量。另外,在《魔戒》系列等影片中,同样可以看到科技创新与文化创意的完美结合。科技创新使文化产品具有强烈的感官震撼力;文化创意赋予了文化产品深刻的思想意蕴。将二者结合起来,极大地增强了文化创意产品的竞争力。

从我国的电影业的发展来看,有学者认为,“中国式大片”“为追求场面的宏大、景观的奇异、视听的华丽,对电脑特技等高科技有所运用。但是,这些电脑特技的运用,更多的是被用来创造各种多、大、怪、险的造型和场面,通过极端地展示,为不同观众提供相同的感官刺激”[①]。这些科技形式如果不能与故事情节进行很好地结合,就会在效果上大打折扣。由此可见,虽然高新科技能够为文化创意产品注入新的活力,但只有将高科技的运用与创意进行完美结合,才能真正使科技为讲好故事服务。否则,高科技运用得再好,也只能生产出重形式轻内容、重技术轻创意的产品,很

---

① 尹鸿:《跨越百年:全球化背景下的中国电影》,北京:清华大学出版社,2007年,第69页。

难获得好的市场回报。

（三）科技创新增强了文化创意产业的竞争力

首先,科技创新对文化创意产业不同门类的竞争格局起着重塑的作用。在数字技术出现之前,电影、电视等产业门类在文化创意产业中占据着主导地位。随着数字技术的兴起及不断发展,这些产业门类不断遭受冲击,其市场份额也在不断下降。

其次,科技创新使内容产业成为文化创意产业竞争的重点。宽带技术、多媒体等新技术的广泛运用,改变了传统文化产业的运作模式。很难再凭借渠道垄断获取竞争制高点,在传播渠道和传播载体不断增多的情况下,内容稀缺成为文化创意产业发展面临的主要问题。打开电视,可以看到多个频道都在播放同一部热播电视剧;打开网页,许多网页所转载的内容是相同的。在这种情况下,内容成为文化创意产业市场竞争的重点。

最后,科技创新对于提高一个国家文化创意产业门类的国际竞争力也发挥着重要的作用。科技发达的国家,其文化产品往往具有较强的国际竞争力,相反,科技落后的国家,其文化创意产业的发展会受到科技的制约,降低其国际竞争力。以动漫产业为例。目前,我国市场上的动漫游戏类产品大多是进口产品,而拥有自主知识产权的作品占极少数。中国动漫产业之所以会面临这种境况,虽然与中国动漫产业的内容创新不足有关,但更为重要的是技术的落后。汉王科技董事长刘迎建认为,"动漫产业发展的必备工具——电脑绘画板的关键技术长期被国外厂商垄断,国内的绘画板核心技术发展比较缓慢,这是我国以动漫为代表的文化创意产业链在技术前端处处受制于人的重要原因。"[1] 由此可见,科技创新能够有效地提升文化创意产品的竞争力。

科技创新作为文化创意产业发展的基本要素之一,与政府政策支持、人才的培养、市场开发等要素一起,推动着文化创意产业的不断发展,为其提供源源不断的动力支撑。

---

[1] 张艳蕊:《遭遇技术瓶颈 中国创意产业之忧?》,中国企业报,2006-10-26。

第二章　文化创意产业的组织机制

组织机制对于文化创意产业的生产和交易来说有着重要的意义,新的经济、技术背景使现代文化创意产业的组织机制不同于传统文化生产,表现出独特性。本章即对文化创意产业组织机制的相关内容进行探讨。

第一节　文化创意产业的生产组织形式

在当今社会,文化创意产业的生产组织形式已不仅仅是个体设计师或艺术家的灵感迸发,而是知识和社会文化传播构成与产业发展形态及社会运作方式的创新。

一、文化创意产业生产的特点

文化创意产业作为一种产业形式,其本身具有独特的生产特点,要想有效组织文化创意产业生产,就必须首先了解这些生产特点。具体来说,文化创意产业主要有以下几个特点。

(一)文化创意产业包含创意性生产与普通性生产

文化创意产业生产是由创意性生产和普通性生产两部分组成的。比如,某些文化创意产业产品是完全原创的产品,是生产者个人创意的结晶,如绘画、音乐等;而某些文化创意产业产品则完全是由原创产品衍生出的复制品,如某幅名画的复制品等。文化创意产业生产通常是创意性生产与普通性生产相互交织的产物。

1. 创意性生产的核心是人，其中最重要的就是原创性

文化创意产业是人的创造性思维下的产物，其主要生产者——艺术家往往都非常注重产品的艺术性，并且由于文化创意产业的基础是版权保护，因此更加看重其原创性。文化创意产业生产的这一特点也使得文化创意产业的组织具有松散的特点。

一方面，由于文化创意产业的核心是人，其本质与机器是有着根本上区别的，因此每次生产出的产品质量都不是固定的。并且，对文化创意产业的评定标准也不是恒定的，其会随着时间、空间等因素的变化而变化，因此也造成了一种质量的非恒定性。另一方面，文化创意产业产品又具有价值永恒性的特点。尽管任何物质化成品最终都会由于物质载体的损耗而从物理层面上消失，但由于文化创意产业的产品更注重的是其蕴含的精神价值，而精神价值是可以被社会永久传承下去的，因此文化创意产业产品也具有相对的永恒性。例如，众多的古代经典文学名著，其初版可能早已散佚，但它们的精神遗产仍将"永久"流传下去。

2. 普通性生产的核心是技术复制

技术复制导致了文化创意产业生产技能的多样性。随着人们物质生产的不断丰富，原有的普通性生产已经不再像原来那么重要，人们的精神需求越来越成为决定产品销售的重要取向。这时一个产品畅销可能不是由于其实用性，而是因为其具有某个创意。在这种情况下，普通性生产与创意性生产进行了结合，但由于结合程度的深浅不同，也就造成了两种生产关系的结合方式的差异，最终使文化创意产业组织的形态呈现出多样化的特点。

（二）文化创意产业生产过程具有不确定性

文化创意产业的生产规律多种多样。有些文化创意产业的生产是一次性完成的，如绘画、书法等艺术品的创作；有些文化创意产业的生产则需要经历复杂的过程，如影视作品的创作等。

由于文化创意产业生产所具有的这种复杂性,使其生产出来的产品效果也往往难以预测,这进而又导致文化创意产业产品的市场预测比较困难。文化创意产业的投入呈现出高不确定性与高风险性的特点。这些都会对文化创意产业的组织产生极其重要的影响。

（三）文化创意产业组织的多样化

从微观角度来看,由于文化创意产业生产的多样化特点,文化创意产业组织也就具有多样性。从宏观角度来看,文化创意产业组织的多样性使文化创意产业的产业链组织也势必走向多样性的组织方式。当然,从宏观上来说,文化创意产业集群化组织是需要的。

二、文化创意产业的组织形态分类

在管理学中,"'组织'是对完成特定使命的人们的系统性安排。……'组织'这个词,是指一种由人们组成的、具有明确目的和系统性结构的实体。"[①] 它具有三个共同的特点:"其一,每个组织都有一个明确的目的,这个目的一般是以一个或一组目标来表示的;其二,每一个组织是由人构成的;其三,每一个组织都发育出一种系统性的结构,以规范和限制成员的行为。"[②]

在管理学层面中,组织的构成主要有两类人员——操作者与管理者。其中,操作者主要是指直接从事某项工作的,不具有监督其他人工作的职责;而管理者是指挥别人工作的人,他们也可能担任某些工作职责。通常一个企业的人事组织层次分为:操作者、基层管理者、中层管理者、高层管理者,并且由他们构成一个"金字塔结构"(图 2-1)。

---

① ［美］斯蒂芬·P.罗宾斯著,黄卫伟等译:《管理学》(第四版),北京:中国人民大学出版社,1997年,第4~5页。
② ［美］斯蒂芬·P.罗宾斯著,黄卫伟等译:《管理学》(第四版),北京:中国人民大学出版社,1997年,第5页。

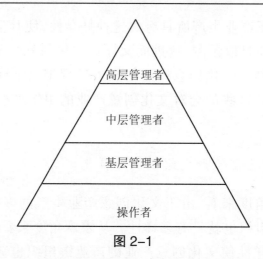

图 2-1

　　管理学的组织架构理论对于文化创意产业而言也是可以适用的。但是，必须将文化创意产业组织加以分类。具体来说，文化创意产业的组织可以分为以下几类。

（一）个别劳动类型

　　在人类的生产劳动历史中，一直存在着以个人为中心的生产劳动。文化创意产业中的个别劳动类型是指以个人为主体从事文化创意产业生产的组织形态，包含了自由职业者、个人工作室等，诸如作家、画家等。他们的共同特点除了以个人为中心外，还具有不一定从属于某个固定经济组织实体的特征。尽管这一类型也可能存在一定的协作现象，但其主体始终是以个人为中心。

　　以个人为主体从事文化创意产业生产的组织形态在文化创意产业中是普遍存在的，相对于其他文化创意产业的组织形态而言，其具有比较松散和更注重主体创意成分的特点。由于其主体是个人，因此其产品就会深深地受到个人风格、个人创意成分等的影响。并且，由于其从事文化创意产业的个体特点，使之具备了不以经济利益为追求根本的特点。

（二）简单集体劳动类型

　　文化创意产业中的简单集体劳动类型主要是指以团体单位

进行文化创意产业生产的组织,包括设计、音乐、舞蹈、广告等领域,其工作大多是以一个个小团体的集体劳动形式来进行创作生产。

从历史发展的角度来看,简单集体劳动类型显然比个别劳动类型有所进步,其已涉及现代企业管理范畴。这一类型的组织形态通常表现为 500 人以下的小型企业 ①。这类组织形态通常都已经包含有设计部门、业务部门、管理部门等企业必备的组成部分,其管理学特点表现为管理层次比较模糊,管理者通常还扮演发言人、公关者的角色,而操作者也往往要求会多种技能。

从文化创意产业角度来说,简单集体劳动类型联系的纽带仍然是个人创意,而又由于这一组织具有一定数量的组成人员,因此又需要一定的约束机制。这也就会产生个人独创性与约束机制之间的平衡问题。

（三）大型集中化生产类型

文化创意产业中的大型集中化生产类型主要是指从事文化创意产业生产的大型集团公司,其小到一个地方、地区级别的大型媒体公司,大到跨国性的巨型集团。相较于前两种类型,这一类型的集中化劳动程度以及技术要求都比前两种要高。而且,一旦成为集团化的组织,还很可能包括了各个文化创意产业以及相关产业组成部分,构成相对完整的产业链。

尽管文化创意产业的这一组织形态具有管理学意义上的大企业特征,但由于从事文化创意产业,因此也具有特殊性。例如,在文化创意产业生产中,提升生产效率的关键可能已经由生产设备转为创意本身。但在这种类型中,个人的创意成分往往会被淹没在集体中,人们更加关注的是最终产品中的重要组成人员,而其他更多的参与个体则被忽略。

---

① 少于 500 人是管理学对小型企业人数的界定, 文化创意产业中的小型企业往往是少于 500 人的。

（四）特殊的生产类型

随着网络的产生和发展,虚拟化的生产方式成为可能,从生产、流通到消费,一切都可以是虚拟的。这种类型的文化创意产业生产,既可以是个人行为,也可能是几个大型的集群。"网络的唯一实体依托是架设者,可是架设者本身可能并不从事文化创意产业的生产,而仅仅是提供一个平台。"[①] 例如,著名的网络游戏《Second Life》是当前全球经济产值最大的"游戏","无数玩家在其中创造发家奇迹。最新一个版本的传奇是一位 32 岁的华裔女子经营地产成百万富翁的故事。来源于互联网的资料显示,《Second Life》每年至少可以创造出 410 个百万富翁,虚拟产值可达到 4 亿 1 000 万美元"[②]。在这一游戏中,其开发商只提供了一个平台,而各种产值的产生大部分来源于游戏参与者。

除网络游戏之外,在广告设计、软件开发等文化创意产业方面都可以发现网络的巨大作用。例如,在广告设计中,经常在某一网络中由几位参与者共同完成,最终甚至他们都不会真正的见面,而网络架构的本身也仅仅是提供了一个平台。随着现代互联网技术的飞速发展,可以预见,未来网络将在文化创意产业中发挥越来越大的作用,甚至会影响旧有的组织形式。

总的来说,文化创意产业作为一种现代新兴产业,其生产类型既有传统产业的组织形态,也具有一些新兴产业的组织形式特征,这其中的界限并不是一定的,有时也呈现出模糊性。例如,很多个别劳动类型的产品本身可能并不是个人独立即可完成或走向市场的。同样,其他三种组织类型中的创意性生产个体的联合有时候也是比较松散的。

三、文化创意产业经济的来源与组织的必要性

文化创意产业在经济盈利方面具有不同于传统产业的特殊

---

① 金冠军,郑涵:《文化创意产业引论》,北京:中国书籍出版社,2011 年,第 83 页。
② 同上。

性,要对其进行有效、合理的组织,就必须要先弄清文化创意产业的经济来源。

（一）消费者

任何生产活动都会涉及生产、流通与消费这三个基本环节,其中消费者作为生产的最终环节,必然是产品盈利的来源点。对于文化创意产业而言,其特点在于在市场消费引导下产生创意,再重新反馈到消费市场。例如,"迈巴赫"就是直接由顾客定制内部装饰、颜色等来争取客户资源。宝马公司也建立了专门的"虚拟革新机构"来听取客户意见。

可以说,消费者在创意的产生过程中发挥着巨大的作用,同时其又最终为这些创意"买单",成为创意产业产品利润的来源。

（二）企业内部

企业内部的合理化管理可以促进创意的产生。从文化创意产业的角度来说,传统的管理必然能促进其生产,但其又要有不同于传统产业的组织形式。

1. 技术的发展

"科学技术是第一生产力",技术永远是生产环节中极其重要的部分,而文化创意产业更是凝聚创意与科技的集中体现。

首先,技术的进步与发展首先带来的就是新的文化创意产业领域的诞生,如 IT 行业就是伴随着以电脑为核心的"第三次科技浪潮"发展而成的。

其次,技术的创新促进了文化创意产业新的分工。例如,在影视制作中,特效部门发挥着越来越重要的作用,类似《指环王》《阿凡达》《金刚》等这类电影,几乎全部使用了电脑特技。

再次,科技的进步改变了文化创意产业的生产方式。在过去旧有产业中,技术的发展会带来生产线的更新,而在文化创意产业中则意味着新元素的加入。例如,数码技术在电影中的应用就极大地推进了电影的生产。

最后,科技的进步会进一步降低生产成本。电脑业的"摩尔定律"就暗合了这点。"摩尔定律"是英特尔公司创始人之一的戈顿·摩尔提出的,它包含了三个方面:"其一,集成电路芯片上所集成的电路的数目,每隔 18 个月就翻一番;其二,微处理器的性能每隔 18 个月提高一倍,而价格下降一倍;其三,用一个美元所能买到的电脑性能,每隔 18 个月翻两番。"[①] 这就证明了科技的不断发展正是文化创意产业经济的来源之一。

2. 管理的作用

企业内部的合理管理可以有效降低运营成本,增加经济效益。对于文化创意产业而言,公司应展开内部的合理竞争,积极开展创意性活动,使企业管理系统化、规范化与合理化。例如,可以利用员工股权分配的方式将员工利益与公司利益结合起来,提高员工的积极性。同时,也可以采取合理的方法激发员工的创意,如 A.F. 奥斯波伦就曾提议用一种"头脑风暴"的形式来激发员工的创意理念,或者也可以像 Google 公司,为员工提供宽松、舒适的办公环境,以激发他们的创意理念。

(三)产业链

文化创意产业产业链的合理组织也可以创造经济价值。文化创意产业产业链的主要特点在于文化创意产业各组织本身既可能涵盖产业链中的某单个环节,也可能包含所有环节。比如,有的文化创意产业组织本身可能只要有简单产业链,就可以生存。有的文化创意产业必须依附于产业链中的某一环节才能存活。例如,画家作画可能从创作到销售仅凭其个人就可完成,而广告设计、艺术设计业则必须依附于建筑、工业等传统工业才能存活,现代电影工业就更需要涉及多个方面,是一个极其复杂而

---

① 金冠军,郑涵:《文化创意产业引论》,北京:中国书籍出版社,2011 年,第 87 页。

又完整的产业链。因此,文化创意产业的产业链因其自身组织形式的不同而变得非常复杂。

总的来说,要想合理有效地对文化创意产业进行组织,就必须综合考虑以上三点经济因素。

第二节　不同类型文化创意产业的组织

由于文化创意生产具有多样性的特征,使文化创意产业组织也必然走向多样化的路线。本节就对不同类型的文化创意产业组织进行详细探讨。

一、作为普通性生产附加的文化创意产业组织

对于一个以普通性生产为主的企业来说,其创意产业组织仅仅是其中的一个普通部门,大多数都不能脱离普通性生产部门而独立存在,其组织与各个生产企业内部的管理有密切联系。目前,随着世界范围内的文化创意产业的兴起,创意部门越来越受到企业的重视,甚至在一个部门中还分成很多专业化小组。例如,通用汽车公司设置了专门的设计部门,其中有一个高度专业化的小组专门负责颜色设计。通过对流行文化、经济趋势以及其他行业的消费模式的研究,设计小组必须判断出哪种颜色会流行,然后根据这种判断,设计出全新的符合消费者审美的颜色。

"设计创造财富"证明文化创意产业中创意部门的重要地位。在新经济时代,企业的利润来源已经开始从过去的简单复制生产转移到产品的研究和开发设计上去。

二、独立生产的文化创意产业组织

(一)个体的生产类型组织

根据前面所述,个别劳动类型是文化创意产业的组织形态之

一,如画家、作家、雕塑家等可以是个体的文化创意产业生产组织。但是,对于个体生产组织来说,更为有效合理的组织方式应该是集中化管理,加强与流通商的合作。

由于文化作品需要走向市场才能成为商品,体现出商业价值,因此文化创意产业中的个体生产类型,首先需要艺术家本人的职业化,走职业化道路才能使其产生一种生产压力,才能促使他连续不断地生产出文化产品。其次,这些类型的组织必须和流通商合作。例如,画家要和画廊、收藏家合作,了解他们的兴趣、爱好和收藏品位,并相应地做出调整。如果没有画廊、收藏家来购买,那么艺术家就不可能仅仅靠艺术创意生存下去,这也就不利于其生产出更多的具有创意的文化产品。再次,艺术是需要互相交流的。如果将独立的个体组织起来,集中在一定范围的区域内,就可以更加有效地促进艺术创意的产生。

(二)小型企业的组织

有效管理和合理架构对于小型企业而言是非常必要的,其涉及计划、组织、协调、领导和控制等多个方面。对于文化创意产业企业而言,其具有特殊性,表现在以下几个方面。

第一,从战略管理层面来说,文化创意产业企业包含九个步骤(图2-2)。由于文化创意产品以精神内容为核心,因文化创意产业企业应当在战略管理层面更加注重对人力资本、知识产权和创意资源等无形资产的投资积累。

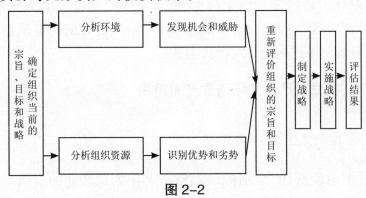

图2-2

第二，从组织管理层面来看，文化创意产业应当推行以下三种企业组织形态。

一是扁平化的管理结构。它可以减少管理层次，降低管理成本，提高员工的积极性与自主性。

二是弹性化的组织架构。这种组织架构不设置固定的组织关系，而是以临时性的、任务性的团队来构建组织，具有组织变化快速反应的特征，适合如影视制作等文化创意产业的运作。

三是网络化组织形态。这种组织形态是由多个核心共同构建的网状组织，其中又以各个核心构建不同的网络，从而减少了管理层级和部门的局限，使信息可以得到快速传播。

第三，从人力资源管理方面来说，小型企业比大型企业更加需要"多面手"。企业可以通过职业生涯管理、薪酬体系设计、奖惩制度、股权分配、权利分担等多种科学、合理的激励手段，提高员工的积极性和留住人才。

（三）事业型文化创意产业组织

图书馆、博物馆等事业单位也属于文化创意产业的分支，由于其单位的性质决定了它们不是单纯的文化生产和传播单位，而是政府机构或者公共事业组织，其主要目的不是盈利，而是为大众提供文化服务。

事业型文化创意产业组织在管理层面上，通常需要政府相关部门或公共事业基金等的大量投入才能良性运转。如果没有相关部门的帮助，其单靠自身自负盈亏是非常困难的，并且其旧有的事业型组织架构也有缺陷，那就是机构臃肿。事业型组织对于市场需求的应变也往往滞后，常常忽视了城市文化的真正需求。因此，对事业型文化创意产业组织需要进行现代化改革，具体如下。

首先，资金投入应该由原来的单一转向多元，通过建立基金等方式变相管理事业组织。

其次,尽量减少政府或出资者的行政干预,建立其自身规范化、法制化的管理体系。

最后,应强化事业型组织的服务意识,以人为本,符合当地的社会需求。

第三章 文化创意产业的投资

　　文化创意产业是在知识经济的背景下迅速发展起来的一种新兴产业,它集创新、文化、知识于一体,重点强调文化对经济的推动作用。在全球化、一体化趋势不断加强的情况下,世界各地的文化创意产业都在蓬勃地兴起。在国际竞争日益激烈的今天,文化创意产业的规模和程度已经成为衡量一个国家或城市综合竞争力高低的重要标志。因此,近年来许多国家都把文化创意产业作为发展的重点,加强对此领域的投资,希望通过各种措施来推动文化创意产业的发展。如今,发展文化创意产业已不再是某个国家的事情,它已经带有了全球化的性质;发展文化创意产业已经不是一个产业发展的事情,它同时还涉及其他诸多产业的发展,给其他产业带来经济效益。当然,文化创意产业的发展也会带来一些负面的问题,如引起国际文化的不正当竞争,甚至还会涉及文化入侵等敏感问题。因此,研究文化创意产业投资就具有重大的经济意义和文化意义。

　　研究文化创意产业的投资,就需要研究两个方面的问题,即文化问题和经济问题。因为文化创意产业是在文化和经济相互融合、相互渗透过程中产生与发展的。当然,研究文化创意产业的投资也存在一定的困难,因为许多概念都是近几年才兴起的,其相关的理论体系还并不成熟,如知识经济、文化经济、创意经济、经济全球化、文化创意产业全球化等。

第一节 资本的概念

一、资本的定义及范畴扩展

（一）资本的定义

资本的定义最早在西方出现,虽然到目前为止,对资本的定义还没有统一的论述,但是几百年来,西方经济学家们从没有停止过对资本定义的探索。19世纪苏格兰经济学家麦克鲁德在《信用理论》中是这样定义资本的:"资本是用于利润目的的经济量,任何经济量均可用于资本。凡可以获得利润之物都是资本。"[1] 此外,还有一些关于资本的定义,如"资本是生产的三大要素之一,这三大要素分别是劳动、土地、资本。"[2] "劳动力成为商品是货币转化成为资本的前提条件,资本是能带来剩余价值的价值"[3]。根据上述的定义,我们一般可以认为,资本是一种价值,它能够给生产带来剩余价值,凡是能够用来生产利润的价值都是资本。

（二）资本的范畴扩展

随着时间的推移,人们对资本的认识不断深化,资本的定义和范畴也是随着社会和时代的发展而不断变化和扩展的。在第一产业作为支柱产业的大背景下,资本的构成主要包括三种形式,即劳动力、资金和土地。在第二产业作为支柱产业的大背景下,资本的范畴迅速扩大,资本的构成包括五种形式,即人力、金钱、原材料、机器设备和产销方法或技术。

近年来,随着科学技术突飞猛进,特别是信息革命不断向更

---

[1] 金冠军,郑涵:《文化创意产业引论》,北京:中国书籍出版社,2011年,第134页。
[2] 同上。
[3] 同上。

高层次的延续和嬗变,人类生产方式、生活方式和认识方式发生了一系列变革,整个社会生活的发展获得了巨大的推动力。有关专家认为,"这种国际社会信息化的大趋势,已给全球政治、经济、文化带来新的维度和内容,人类社会朝着一个全新的方向发展,一个建立在以高新科学知识和信息的生产、分配与使用之上的新型经济——知识经济已展现在我们面前。"[①] 人们看到,知识经济给世界各国的社会发展带来了一系列变化。在知识经济崛起的时代,任何国家的经济发展比以往任何时候都更加依赖于知识的生产、扩散和应用,特别是在发达国家高新技术产业中,知识的应用是最为明显的,如计算机、电子、生物和航天等。目前,世界各国的投资都在流向高新技术产业,尤其是信息和通信产业。在传统的生产投资中,资金流向主要是基础设施,如原材料、机器、厂房等,但是在现代化发展的今天,资金流向主要是知识产权、高技术人员和高级管理人才的工资、通信及获取信息的设备等。随着资金流向的转变,世界各国对劳动力的需求也发生了转变,对高新技术产业熟练的劳动力需求急剧上升,计算机产业、药品制造业等成为热门的职业。知识经济时代,人类主要依靠知识,特别是高新科学知识去创造财富。知识经济在资源配置上把富有智力因素的无形资产作为第一要素。在很多情况下,知识比物质起到了更为重要的作用,拥有知识比拥有物质更为重要。

由此可见,在知识经济的背景下,推动产业发展的重要生产要素不再是传统的劳动力,而是具有一定价值的资本,包括信息资本、社会资本、文化资本和思想资本等。在一些以知识为核心的新型产业,生产要素在很大程度上或者可以说是完全脱离了传统的实物资本或有形资本。例如,文化创意产业投入的核心资本不是传统意义上的劳动力与原材料,而是知识和智慧。资本的定义因此扩展到了新的范畴,从有形资本扩展到了无形资本,从而打开了人们对资本形态和价值量认识的新天地。

---

① 康焕龙:《正在兴起的新经济——知识经济》,中国信息导报,1998 年第 3 期。

二、创意资本

资本的种类有很多,笔者根据有关书籍的总结,把产业发展资本的种类一共分为 11 类,即"货币资本、人力资本、土地资本、原材料资本、设施设备资本、方法和技术资本、时间资本、信息资本、商誉资本、知识产权资本和市场优势资本"[①]。从上述的分类来看,"创意资本"还没有成为单独的一类。但是,如果从经济学的角度看,创意也是一种资本类型。如果将"创意"放在全球化的背景中,放在文化创意产业迅速发展的今天,那么毫无疑问"创意"是一种值得注重的新型资本类型。

随着创意经济时代的到来,创意的推动作用在经济发展中越来越明显,并通过产业化过程,实现了创意的资本化。过去,资本是作为人的异化的力量而存在的,即资本把人固定在经济上。现在人不再作为机器的替代而存在,而是要操控机器,使机器为人所用。例如,计算机迅速发展并普及的时候,人们就会担心是不是计算机最后会控制人类。但是,计算机发展到今天,人们所担心的事情最终没有发生,计算机作为工具,帮助人类工作,为人类节省了大量的时间,人们有了更闲暇的时间去思考和创意,人通过创意实现了对世界的控制。

资本发展到高级形态就不再是传统意义上的人力资本,它是现今人类最稀缺的资本,它的价值不可估量,诚如世界首富比尔·盖茨解释的那样:"创意具有裂变效应,一盎司创意能够带来无以数计的商业利益、商业奇迹。"创意,不仅是世界各国资本发展的驱动力,也是世界各国企业之间互相竞争的核心力。

三、资本的共性

资本的种类虽然丰富多样,并且其范畴可以随着社会的变化而不断扩展,但是,同样作为资本,它们还是存在以下几个方面的

---

① 厉无畏:《创意产业导论》,上海:学林出版社,2006 年,第 146 页。

共性的。

（一）资本的价值性

资本是有价值的，因此，凡是能够当作资本要素的东西，必定是有价值的东西。货币、生产资料、商品以及金融资本市场上的各种有价证券等，它们作为资本的物质表现形式，都具有或代表着一定的价值。

（二）资本的增值性

资本具有一定的增值性，能够给人们带来剩余价值。资本的最根本特征就是追求价值增值，这也是资本最主要的目的。资本实现剩余价值的主要形式就是运动。利用资本从事商品生产、商品经营或转让资本使用权，都能使它的所有者获得利润或利息，使资本原有价值增值。如果不能在运动中实现增值，也就不能称其为资本了，比如森林资源，如果它只是在山上静静地生长，而没有被开发利用，它们就只是资源，而不是资本。一旦它们在生产中被使用，就具有了使用价值和价值，能够带来利润，这时它们就成为原料资本了。"创意"也是一样，如果它只是存在于人的头脑，而没有应用到文化创意产业中，没有带来利润，自然也不能称为资本。只有当创意转化为市场意义上的产业，并成为生产链上的重要生产要素时，创意才拥有了资本的内涵。

（三）资本的积累性

资本具有积累性，它的积累过程实质就是剩余价值不断转化为资本的过程，使小资本逐渐变为大资本。可以说资本是逐渐积累起来的剩余价值。

（四）资本的运动性

资本最重要的特征就是具有运动性，资本增值是在运动中实现的。运动是资本取得增值的必要前提和条件,如果资本是静止状态的,就不可能实现资本增值。具体来说,资本的运动性主要表现在以下两个方面。

第一,资本的转移运动,它是资本运动比较简单的一种形式。无论是什么样的投资活动,资本都要发生转移运动。由于不同的地区发展环境不同,资本的增值率呈现出差异,资本总是从低增值率的地域向高增值率的地域转移,从而实现价值增值。

第二,资本的转化运动,它是资本运动的高级形式。它是指不同的资源在人为因素的干扰下,可以相互转化,成为另外一种资本形式,如货币资本、商品资本、生产资本等,最终达到价值增值的目的。资本的转化运动大大拓宽了资本的活动领域。

第二节　文化创意产业的投资机遇

中国文化创意产业是最近几年才发展起来的新型产业,因而它还具有很大的发展空间。但是,由于文化创意产业在中国起步比较晚,经营理念相对落后以及文化传媒行业的特殊性,文化创意的产业发展很不稳定,它的前景可能没有想象中的那么乐观。目前中国文化创意产业的发展与巨大的市场需求相比还是表现出迟缓发展的态势。

不过,机遇与挑战是并存的,普华永道的一项研究显示,"中国是世界上媒体娱乐业增长最快的国家,在 2009—2013 年,复合年平均增长率为 9.5%。自 20 世纪 90 年代以来,外资传媒巨头们实际上已经通过合资、节目交换、对等落地协议、兼并收购等方式在中国开展业务,开拓中国巨大的文化消费市场。"因此,中国文化创意产业的发展还是存在一定的发展机遇的,具体来说,主要表现在以下四个方面。

一、内容的生产与服务领域

不论是传统媒介还是新媒介都在技术的推动下不断膨胀。

尤其是我国计划体制下形成的按行政层级层层办媒体的格局,使各类媒体交叉重叠。在这种情况下,频道资源相对过剩,内容生产与服务越来越显不足,中国文化创意产业进入以"内容为主"的时代。下面以影视业为例进行说明。

从影视业目前发展的情况来看,当前其发展的最大问题就是节目生产总量不足。2004 年全年播出总时数 1 101 万小时,自制节目时数 212 万小时。当前,我国的影视业已经实行了制播分离的制度,希望通过市场方式来提升节目生产能力。虽然从表面上看,电视节目五花八门、异彩纷呈,但其实有许多节目的内容都是重复的,甚至在同一时间段播放的节目都是重复的,质量较好的国产影视节目内容明显供不应求。随着国家对国外剧集引进的限制逐渐增多,本土生产的节目内容需求会越来越大。目前来看,资本的短缺和资本使用效益的低下是制约内容生产与服务质量提升的重要原因。

二、传统媒体数字化领域

(一)数字电视

从 2003 年开始,我国以有线电视为切入点推动广播电视数字化进程。到 2006 年,全国有 25 个城市完成了有线电视数字化整体转换,有线数字电视用户达 1 266 万。数字化正成为广播电视发展的新方式和新阶段。随着数字化的普及,我国广播电视业的服务方式正在发生转变,过去,广播电视服务的方式比较单一,而如今,电视广播服务的方式呈现出多元化的趋势,除了传统单一模拟的服务方式之外,还包括模拟和数字、标清和高清、公益和付费等服务方式。

为推进我国有线电视数字化进程,《广播影视科技"十五"计划和 2010 年远景规划》明确提出,"2005 年我国有线数字电视用户超过 3 000 万户,2010 年全面实现数字广播电视覆盖,2015 年停止模拟广播电视的播出。"① 与此同时,国家广电总局确定了我国有线电视数字化采取数字电视平移的方法。

根据广电总局颁布的《广播电视有线数字付费频道业务管理暂行办法》,三种类型的数字付费频道的建设向社会资本开放,具体如下。

（1）有节目资源优势的中央单位、地方国有机构可开办或合办付费频道,它主要是向行业外部开放。

（2）中央级系统内单位可办全国付费频道;省会市、计划单列市电视播出机构可在中央节目平台开办付费频道。它主要是向行业内部开放。

（3）注册金 1 500 万元以上的国有和民营节目制作机构、净资产 3 000 万元以上的其他国有和民营机构可参与付费频道的合作。它主要是向社会资本开放。

（二）数字电影

数字电影在中国电影中的地位越来越重要,它在技术、发行等方面的优势明显会推动中国电影和文化消费市场的发展。中国政府对数字电影的发展高度重视,希望通过数字电影的普及来满足和激活广大农村的文化娱乐需求。2006 年,国家广电总局在部分农村地区进行数字化电影放映试点工作,到 2010 年全国农村基本实现了一村一月放映一场电影的目标。这种尝试和改革为数字电影的发展带来无限商机。目前,我国已经成为世界上数字电影发展最快的国家之一。从影片的放映成绩来看,数字电影表现出了明显的优势,如人均票价高、放映人数多、票房收入高等。近年来,随着数字影院的逐渐增多,数字影片的发行成本进一步降低,由此看来,将会有更多的优秀影片采用数字放映的形式推向市场。

---

① 魏鹏举:《文化创意产业导论》,北京:中国人民大学出版社,2010 年,第 169 页。

（三）数字出版

随着全球信息化的发展以及信息技术在各个领域的延伸,数字出版产业以强劲势态发展起来,日益成为我国出版产业发展的战略方向。

目前,对于数字出版的定义,业界还并没有形成统一的认识,但其中有一种认识还是得到了较多人的认可,"只要使用二进制技术手段对出版的任何环节进行操作,都属于数字出版的范畴,其中包括原创作品的数字化、编辑加工的数字化、印刷复制的数字化、发行销售的数字化和阅读消费的数字化等"[①]。也就是说,数字出版不仅仅指使用网络平台编辑出版的内容,也不仅仅指对传统的出版业进行数字扫描,而是指在依托传统资源的基础上,用数字化这样一个工具进行立体化传播的方式。

数字出版具有先天的优势,它不仅可以快速查询到需要出版的内容,而且还可大量存储出版信息。此外,它还具有成本低廉、编辑方便等特点。有预测数据显示,"到 2020 年,我国网络出版的销售额将占出版产业的 50%,而到 2030 年,90% 的图书都将是网络版本"[②]。

三、新媒体领域

"新媒体"是相对于比较成熟的传统媒体而言的,它是随着科学技术的发展而不断发展起来的一个新领域,目前主要指互联网及其衍生产品或服务、手持移动显示终端及其增值业务等。

（一）互联网

互联网是最有影响力的新媒体之一。据相关的研究数据显示,截至 2005 年年底,中国互联网用户人数达到 1.11 亿人,互联

---

① 魏鹏举:《文化创意产业导论》,北京:中国人民大学出版社,2010 年,第 170 页。
② 同上。

网普及率达 8.5%; 2010 年中国互联网用户人数达到 4.57 亿人, 互联网普及率达 34.3%; 到 2014 年, 中国互联网用户人数达到 6.49 亿人, 互联网普及率达 47.9%(图 3-1)。

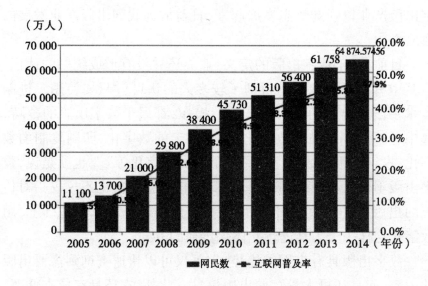

图 3-1

　　随着互联网的日益发达, 相关衍生产品与服务的投资价值越来越大, 尤其在在线游戏方面, 存在着巨大的市场潜力。到 2014年, 在所有的网民当中, 游戏用户的数量高达 37 716 万人, 其规模已经达到了整个网民数量的一半以上。游戏用户的数量之所以如此之高, 是因为游戏本身具有娱乐性、社交性的特点, 不仅能够为网民提供丰富的游戏项目, 而且还为网民提供了彼此认识的平台。

　　网络电视是互联网另外一个重要的经济增长点, 未来也具有相当大的市场潜力。2007 年, 广电总局的相关决定推动了网络电视的发展, 根据广电总局的规定, 全国共有 180 家互联网站和单位可以进行网络视听传播。其中, 有部分电视台还可以开办 IP电视业务, 如中央电视台、上海文广集团、广东南方传媒集团等; 还有部分电视台可以开办手机电视业务, 如中央三台、上海文广集团等。我国广播电台、电视台大力发展与电信部门的合作, 积极推动相关业务的发展,如网络电视、IP 电视、手机电视等,拓展和延伸了广播电视的服务领域。

（二）手持移动显示终端

据联合国国际电信联盟（ITU）发布的统计报告显示,截至 2011 年年底,全球手机用户总量已达 59 亿,占到了全球人口的 84.3%,说明移动通信已深入到全球公众的日常生活当中。2014 年,中国工信部公布了手机通信业的运营情况:移动电话用户总数达到 12.63 亿户,其中,2G 移动电话用户总数由 2013 年末的 8.28 亿户下降至 7.67 亿户,占移动电话用户的比重降至 60.7%。移动宽带用户（3G 和 4G）总数达到 4.98 亿户,其中 4G 移动电话用户总数突破 2 000 万户,达到 2 062.5 万户。由此可见,手机移动显示终端的发展潜力巨大,是文化创意产业发展的一个重要新兴领域。

四、艺术与创意设计领域

文化创意产业最核心的内容就是文化与创意的相互融合。每一个创意经过长时间的积累之后就会成为文化,而文化在长期的发酵和酝酿之后就能够为创意提供生发的空气和土壤。如果说科技是现代文化创意产业的骨骼,那么艺术与创意就是文化创意产业的血肉和灵魂。

（一）艺术产业

文化创意产业在中国的发展备受关注,以艺术家群落为特征的"画家村"作为文化创意产业的新形式在全国各地逐渐发展起来,这其中尤以北京的宋庄画家村和深圳的大芬油画村最为著名。据不完全统计,北京市通州区宋庄的艺术家数量已经达到 1 000 多位,这里一年的艺术品交易额至少 2.5 亿元,且艺术家的作品大多是原创的。因此,2006 年北京市政府把宋庄列为文化创意产业集聚区之一。深圳大芬村因油画复制而闻名,现已发展为拥有画家和画工 8 000 人左右的综合艺术产业区,2004 年被文化部命名为"文化创意产业示范基地"。大芬村生产的油画销往世界上的许多国家和地区。据统计,2004 年前,大芬村的油画主要销往美国。仅 2004 年一年,大芬村销往美国的油画总价值就高达 3 050 万美元。

中国艺术产业的发展水平体现着中国文化创意产业的发展水平乃至中国整体经济社会的发展水平。随着我国经济水平的提高,人均收入的增加,会有越来越多的人加入到艺术品收藏者的队伍当中。在这些收藏者当中,有些人是出于欣赏的态度而收藏,有些人则是出于投资的目的,把艺术品作为一种投资理财对象来收藏。有数据表明,2004 年以来,个别投资品种半年的回报率高达 80%,艺术品收藏投资年回报率为 26%,超过了风险系数高的股票(15%)和房地产(21%)。在中国经济多元化发展的今天,越来越多的投资人开始调整自己的投资取向,中国艺术品市场成为投资人新看好的一块肥沃土壤。

(二)设计业

设计业在文化创意产业中是最顶级的一个行业,它的附加值在整个文化创意产业中也最为明显。从目前我国设计业的发展情况来看,它还有很大的提升空间。随着中国经济结构的调整,设计业势必成为中国最新的经济增长点,因此国家对设计业的发展给予了高度重视。2002 年 12 月,中国政府出台《外商投资建设工程设计企业管理规定》,允许外资设计商在内地成立独资公司,并单独承揽工程设计项目。

根据《香港商报》的分析,近年来,中国设计业呈现蓬勃发展的趋势,为了促使设计业的顺利发展,国家对设计业的体制不断地进行改革和完善,从而保证设计业发展的渠道是通畅无阻的。

现在中国内地众多设计行业中,最为活跃且商机最为集中的领域就是建筑设计、室内设计及时装设计。在我国新的开放政策下,许多海外设计公司,包括个人设计师事务所、各类综合性设计公司、有政府或大公司背景的设计公司、厂商的附属小型设计室等都在以不同的途径抢占中国设计市场,以扩大自己的市场占有率。

第四章　文化创意产业集群的发展研究

文化创意产业集群是创意产业发展的重要载体,它已经逐渐成为推动区域经济发展的核心竞争力。本章就在了解文化创意产业的概念、特征、价值链构成、类型、区域效应、理论基础、生命周期的基础上,对其影响因素进行分析,并以河南省文化创意产业集群为例展开实证分析。

第一节　文化创意产业集群概述

一、文化创意产业集群的概念

文化创意产业集群的概念最先出现于西方。20世纪70年代,国外学者泽曼斯吉斯在经济学领域引进了集群概念,明确提出了产业集群的概念。1990年,美国经济学家波特教授在《国家竞争优势》一书中指出,产业集群是一个有机整体,它至少应该包括以下几个因素:第一,与某一产业领域相关,这是基础。第二,其内的企业及其他机构之间具有密切联系,这是关键。第三,其内不仅包括企业,还包括各种商会、协会、银行及中介机构等。这是产业集群的实体构成。由此,波特教授正式重新提出了产业集群的概念。换言之,波特教授所说的产业集群概念,是指"由与某一产业领域相关的相互之间具有密切联系的企业及其他相应机构组成的有机整体"①。据此,文化创意产业也可以引入产业集群概念,

---

① 毛磊:《文化创意产业集群的演化与发展》,镇江:江苏大学出版社,2013年,第52页。

形成了文化创意产业集群。

我国文化创意产业集群起步较晚,对其的理论研究也较少。

学者陈倩倩、王缉慈认为,在全球化背景下,地方的重要性也开始得到凸显,文化创意产业仍离不开本地独特的发展环境和本地人的创造力。本地可以提供独特的发展环境,从而吸引更多的创意者,而创意者又为本地增加了创新氛围。

学者李蕾蕾、彭素英认为文化创意产业集群是一个复杂的生态系统,这个系统里融合了创意人才、文化创意企业、信息和创新机制等。

学者刘蔚认为,文化创业产业集群就是在一定区域范围内集聚大量的创意人才、相互关联的文化娱乐公司的集合体。

学者毛磊也对文化创意产业集群进行了简单的定义,即"一定地理范围内相互临近且相互联系的企业之间存在积极的沟通、交易渠道,相互进行交流与合作的文化创意产业领域的企业群"①。

提到产业集群,就不得不提产业集聚。二者具有很密切的关系。所谓产业集聚,是指"同一类产业或不同类产业及其在价值链上相关的、支持的企业在一个地区的集中与聚合,以获得规模经济和范围经济并降低成本"②。从概念上看,产业集聚强调的是产业集中的现象,但不一定会升级成产业集群。而产业集群既强调上下游企业之间的分工协作,又强调企业与其他机构包括当地政府之间的竞争合作关系,从而结成地域性很强的区域创新网络,最终促进集群的不断发展、升级。

综合以上专家学者的观点,结合我国创意文化产业集群发展的实际,本书采用如下定义:文化创意产业集群是指,在文化创意产业及其相关的领域中,由许多文化背景相同、特色相似的文化创意企业及机构,它们分工精细,相互形成了稳定的协作关系,

---

① 毛磊:《文化创意产业集群的演化与发展》,镇江:江苏大学出版社,2013年,第53页。
② 毛磊:《文化创意产业集群的演化与发展》,镇江:江苏大学出版社,2013年,第52页。

在同一区域内形成完整产业链的集群。

二、文化创意产业集群的特征

文化创意产业集群具有以下几方面的特征：空间集结的特性、专业性分工的特性、产业辐射性的特性、集群地理位置的特性、集群主体的创新性、创意人才的先导性、跨行业集聚的特性、集群的网络特性。

（一）空间集结的特性

在一定的区域内，众多的文化创意企业及其相关支持的企业、机构聚集，形成一个相互关联又相互独立的产业集合体。这些企业和机构联系密切，相互依存。这就是文化创意产业集群空间集结的特性。

（二）专业性分工的特性

文化创意产业集群是以专业性分工为基础的企业聚集，通过这种纵向化分工和横向的合作来实现各种经营性活动，生产和工作效率也大大提高，同时能够扩大影响力，形成对文化创意产业聚集区的良性、健康的发展。

（三）产业辐射性的特性

文化创意产业集群不但能够大大促进和引领着核心产业的健康发展，同时还吸引着大量服务于该核心产业的其他机构和企业，实现规模性扩张，这使得文化创意产业集群有着强大的辐射力和影响力，从而促进整个区域经济的快速发展。

（四）集群地理位置的特性

为节约交易成本，传统产业集群通常要考虑地理位置的便利性，如交通运输便捷、劳动力成本低廉，还要考虑原材料的易取性,工作和生活分开。与之不同,文化创意产业集群考虑地理位置的历史文化底蕴是否深厚,基础设施是否便利,是否拥有大量的创意人才。其中,丰厚的文化积淀为创意人才萌生创意提供"养料"。历史传承和人文环境氛围为文化创意产业的集聚奠定基础。创意人才汲取着文化创意产业集群地区的文化精髓,他们把握着该地区发展的脉搏,他们通常将工作与生活结合,追求工作的意义,强调工作的愉悦性,喜欢灵活,在生活上也追求自由、轻松。他们既在文化创意产业集群地区工作,也在那里生活;他们既是文化创意产品的生产者,也是文化创意产品的消费者。可以说,文化创意产业集群内含了创意阶层的工作环境和生活环境,还含有非营利企业、文化机构、艺术场所、媒体中心和不同类型艺术家等。

　　传统产业集群与文化创意产业集群对地理位置的要求不同,具体如表4-1所示。

表4-1　传统产业集群与文化创意产业集群考虑地理位置的不同要求[①]

集群 项目	传统产业集群	文化创意产业集群
对集群内劳动者素质的要求	不高	高
对资源的要求	很高	相对较少
对物质条件的要求	很高	相对较少
对人文氛围的要求	不高	很高

　　文化创意产业集群通常出现在城市,因为城市比较开放,含有各种开放的文化元素,拥有多元的文化气质,这非常有利于创意灵感的迸发,从而吸引创意人才和人力资本。此外,城市还为交易文化创意产品提供场所。

　　总之,文化创意产业集群要考虑地理位置的经济基础、文化背景、资源特色等,包括文化风俗、传统、价值和愿望等。

---

① 蒋三庚等:《文化创意产业集群研究》,北京:首都经济贸易大学出版社,2010年,第54页。

（五）集群主体的创新性

创新是文化创意产业的根本和生命线。集群主体包括具有创造性的人和企业，即文化创意阶层和文化创意企业。这些集群主体的工作就是要把自己的创新构思变成文化创意产品。这是一种创造性的生产活动，是一种特殊的知识产品的生产活动，其核心在于原创。

需要指出的是，创意本质为创新，而创新必然要面临各种各样的风险。文化创意产品通过对原创文化符号进行大批量的复制生产，加上由于消费需求的不确定性和科技文化严酷的挑战性，都无疑会带来很大的风险性。

（六）创意人才的先导性

文化创意产业集群发展最重要、最活跃的资源是创意人才，创意企业和投资因寻求创意人才接踵而来。美国创意学者理查德·弗罗里达认为，创意经济理论核心的要素是"3T"[①]，即创意人才、技术和包容。每一个要素都是文化创意产业集群形成的必要条件。根据弗罗里达的观点，如今是有创造力的人吸引文化创意企业，文化创意企业更愿意落户到有创造力的人居住的地方。

文化创意产业集群模式自下而上的市场自发性也体现了创意人才的先导性。例如，首先是一个小圈子内的艺术家选定了一个适宜的地方，进而吸引了其他众多的艺术家和技术机构，久而久之形成文化艺术集聚区。这个集聚区发展到一定程度后产生知识外溢、学习效应、网络创新，从而进一步形成集群的自强化机制，往复循环。

---

① "3T"即创意人才（Talent）、技术（Technology）和包容（Tolerance）三个单词的首字母。

（七）跨行业集聚的特性

传统产业集群具有明显的专业化特点，整个集群的生产与服务具有趋同性。与之不同，文化创意产业集群的企业通常是跨行业的。文化创意产业的核心生产要素是信息、知识、文化、技术等无形资产，创意产品则是新思想、新技术、新内容的物化形式，因此文化创意产业集群要延伸到许多产业部门。因此，文化创意产业集群的企业是跨行业性的。例如，上海市首个文化科技文化创意产业基地——浦东张江高科技园区以动漫和网络游戏为突破口，依托文化创意将二者有机地融合在一起，形成文化和高科技密切结合的科技文化创意产业区。

（八）集群的网络特性

文化创意产业集群的发展需要相关机构、企业提供人才、技术、政策等方面的支持，如大学、政府、金融机构、研究机构。它们相互作用，协同创新，彼此建立相对稳定、促进创新的关系，从而表现出了很强的网络特性。其实，这也是前面提到的空间集结特性。在集群内，众多的文化创意企业、机构聚集一起，形成了一种因学习、合作关系需要而结成网络结构(图 4-1)。

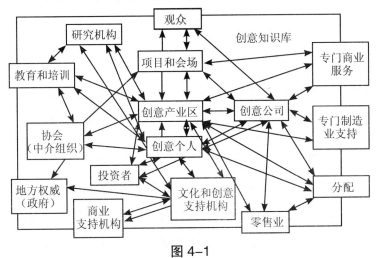

图 4-1

三、文化创意产业集群的价值链构成

文化创意产业集群内的价值链通常由四类组织机构构成：内容创意组织、生产制造组织、营销推广组织、传播渠道组织(图4-2)。在这个价值链中,创意产品的生产者也是消费者(受众)。内容创意组织处于文化创意产业集群价值链的最前端,处于创意形成环节,负责完成创意产品的制作,完成创意产品的最大增值部分,因此他们是集群内最重要的构成主体。生产制造组织将创意转换为创意产品,利用生产设备和工艺技术对创意产品进行大规模的生产复制,因此同样是集群内重要的机构。营销推广组织负责创意产品的包装设计、策划,将创意产品快速推向市场,因此他们多是通晓市场的策划人、经纪人和技术中介机构以及各类代理商,他们推动创意产品实现经济回报。传播渠道组织负责发行、传播创意产品,也是集群价值链中的重要环节。发行传播主体的主要构成包括电影电视播映机构、报刊社、电台、演出经营场所、互联网络运营商等。

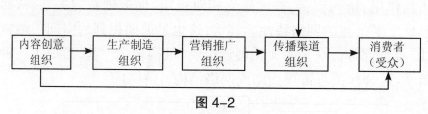

图4-2

四、文化创意产业集群的类型

文化创意产业集群的类型,既有市场需求自发型的,也有政府主导导向型的,更有自发与政府导向协同型的。

（一）市场需求自发型文化创意产业集群

这种类型的文化创意产业集群,其动力主要来源于市场对创意产品或服务的需求,并在一定区域内形成、发展为文化创意产业集聚区。市场需求自发型文化创意产业集群发展依赖于市场、

文化、经济条件、城市空间及发展水平,同时也受到经济全球化、区域化和技术条件的影响。文化创意产品讲究创新、原创,属于新生事物,通常未经发展印证,因此政府对其一般不会给予支持,或者支持不大;但当发展到一定程度,获得了高额的利润,引发轰动的社会效应时,政府一般会给予较大的支持。只要某一区域的市场有创意产品、服务的需求,一般都会吸引大量的研发人才、艺术人才来此创业,形成高新技术型与艺术设计型相结合的文化创意产业集聚区。研发人才主要集聚于技术创新源地,如大学、科研院所;艺术人才主要集聚于具有浓厚文化底蕴的低廉老厂房、老仓库等旧城区。

世界上比较著名的市场需求自发型文化创意产业集群如美国洛杉矶好莱坞影视产业集群和日本东京动漫产业集群。

1. 美国洛杉矶好莱坞影视产业集群

好莱坞是一个小镇,距离洛杉矶十几公里,自然风光良好,光线充足,气候宜人。1907 年,美国导演弗朗西斯·伯杰斯在好莱坞拍摄了影片《基督山伯爵》。随着影片的热映,好莱坞也因其优美的风景而出名,吸引了美国国内影视界的极大关注。之后,很多影视界的知名导演都纷纷以好莱坞为背景拍摄影片。在这些具有较大影响力的导演、影片、演员的引导下,从 1912 年开始,美国国内诸多的电影公司纷纷落户于好莱坞。到 20 世纪 20 年代末为止,好莱坞地区已初步形成电影产业集群,集聚了米高梅电影公司、派拉蒙影业公司、20 世纪福克斯、环球电影公司、哥伦比亚影业公司、联美电影公司、迪士尼电影、华纳兄弟公司等影片公司。20 世纪 20 年代后,好莱坞电影产业集群虽然经历了一些波折,但由于新技术的发展和进步,以及洛克菲勒财团和摩根财团的支持,好莱坞电影产业都得以复苏,并逐渐形成完善的电影体系。当前,好莱坞电影产业集群中的几家大型电影公司年度出品的影片数量在全美电影年度总产量的比例达到 60% ~ 70%。而在全球电影产量上,好莱坞电影的比例虽然只有 7%,但在全球影院总放映时间的比例却达到了一半以上。好莱坞电影产业之所以取得那么大成功,和它娴熟的营销手段是分不开的。据统计,"好莱坞制作的影片平均拍摄成本为 5 150 万美元,美国大片的生产和推销成本约为 7 800 万美元,其用于市场促销的资金高达 2 500 万美元"①。由于好莱坞电影集群的发达,电影产业市场运作制度开始产生并逐渐成熟,如制片人制度和明星制。制片人制度下,制片人不但组织导演拍摄分镜头,还要在拍摄结束后进行剪辑合成,最后负责电影作品的市场销售。为迎合市场需求,制片人采用依靠明星出演的营销手法,将电影作品推向市场。当前好莱坞电影产业集群创作大片的通用做法就是由大牌导演执导、明星演员出演,进行大投入,属于高制作成本的营销模式。

2. 日本东京动漫产业集群

日本被称为"动漫王国",其首都东京集中了日本绝大部分的动漫企业,因此也有"动漫之都"的说法。由于东京在日本的政治、经济、文化中心的主体地位,动漫产业最初就聚集于此。20世纪后半叶,这种趋势更加明显。第二次世界大战后,日本经济处于恢复、发展阶段。经过 30 年的发展,日本产业结构从纺织工业起步,经过重化工业、制造业阶段,开始进入第三产业为主导的阶段。此时,外资企业、金融机构纷纷入驻日本,东京开始形成了"总部经济"的形态。20 世纪 90 年代,东京的第三产业内部结构发生了很大的变化,与文化相关的产业开始得到迅速的发展。在借鉴欧洲旧城改造与复兴做法的基础上,一些学者对东京的发展提出了创意城市的发展思路。作为日本的经济文化中心,东京在发展文化产业方面拥有得天独厚的优势,对动漫产业的集聚发展产生直接影响。东京集聚了众多大小不一的出版机构,包括音像制品制造商、电视台、电影发行公司、玩具生产商,还有各种文化机构、文化行业协会、动漫企业和营销推广机构等。此外,东京本身在日本甚至在亚洲的演绎故事传统极强,这是吸引动漫产业的

---

① 毛磊:《文化创意产业集群的演化与发展》,镇江:江苏大学出版社,2013 年,第 68 页。

另一重要原因。东京集聚了几千家出版企业,其中有不少的动漫出版商,因此也吸引了众多的漫画家和职业的画手,这为吸引动漫企业的集中奠定了基础。

目前,日本全国拥有动漫企业 400 多家,绝大部分都入户东京,其中 40% 集中在东京的练马区和杉并区;约有 50 家是日本主要动漫生产企业,其他多为动漫产业链上的承包商。随着日本动漫产业的发展和市场日趋成熟,原先的单线状传统动漫产业链已经逐渐被抛弃,而发展成蜂窝状现代动漫产业网络,出现了新的多重交互性产业网络模式。该网络模式以电视动画片为中心,前向、后向和侧向之间进行密切的联系和互动,围绕一个成功的动漫形象组织起一个价值网络。

东京动漫产业之所以得到快速的发展,与其民族文化根植性和行业协会组织的有效扶持分不开。2000 年,日本文部省首次将日本的漫画称作"日本的文化"。据调查,"日本有 87% 的人喜欢漫画,有 84% 的人拥有与漫画人物形象相关的物品"[①]。日本漫画出版业的销售在全国出版销售总数中的比例几乎达到一半。漫画已经成为日本通俗文化的基础,它渗入了日本国民生活的每一个方面。日本动漫产业的发展,正是因为它在日本非常普及,有着坚实的文化根基。动漫比文字文本更容易翻译、阅读,因此在快节奏的生活环境中更容易成为人们接受的传媒媒介。同时,日本动漫叙述故事时以形象的图画为载体,老少皆宜。另外,日本动漫有严格的行业协会,这些协会是日本动漫产业发展的有力"助推器"。

（二）政府主导导向型文化创意产业集群

这种类型的文化创意产业集群主要通过政府的制度传导机制,利用政府的各种政策,促使某一城市衰败地区快速嵌入文化

---

① 毛磊:《文化创意产业集群的演化与发展》,镇江:江苏大学出版社,2013 年,第 70 页。

创意集聚区并得到高速的发展。例如,政府通常是旧城改造,产业结构升级,城市功能空间转换与能级提升的主导者。政府通过创建文化和技术硬件设施,吸引创意人才,从而发展成文化创意产业集聚区。在文化创意产业集聚区酝酿初期,创意空间文化和技术空间是由政府选定的,然后制定法案,确认该文化创意产业集聚区的发展类型和目的,并据此改造适合创意的环境和氛围。当创意产业集聚区基本成形,并达到一定规模时,政府还给予正确的引导和扶持,对创意集聚区的发展类型和方向进一步确认。

世界上比较著名的政府主导导向型文化创意产业集群如英国谢菲尔德文化产业集群和澳大利亚阿德莱德文化创意产业园区等。

1. 英国谢菲尔德文化产业集群

谢菲尔德文化产业集群位于谢菲尔德市政治与商业中心的东南面,距离市中心只有 10 分钟的步行距离,离高速公路入口也很近,地理位置优越。作为英国的第五大城市,谢菲尔德是曾以"钢铁城市"著称。但是 20 世纪中期以后,谢菲尔德钢铁业逐渐衰败,很多厂房因此被废弃,与之相关的社区也开始破落,经济出现了停滞现象。20 世纪 70 年代晚期,谢菲尔德市内出现了一批先锋乐队,他们利用废弃厂房作为创作基地,从而改变了当地的文化和经济生态,并产生了一定的经济效益。在音乐界人士的共同倡议下,该市议会选择在音乐基础较好的市中心附近新建一个文化产业集群(文化产业园),以期创造新的经济增长点,使城市产业实现转型。在该集群建立初期,市议会接受了音乐人士提出改善本地音乐产业相关设施的建议,20 世纪 80 年代对该地区进行了全面建设,最终提供了价格低廉、数量充足、使用便利的音乐产业设施、音乐工作室,如 1986 年对外开放的"红带"工作室。该工作室向当地文化创意产业从业人员提供各种免费的训练课程,并向小型音乐公司和文化团体提供价格优惠的相关设备和场地。此外,谢菲尔德市议会还计划用十年的时间全面翻新、重建该地区的闲置楼房和废弃厂房。其中,市议会制定的以建筑改造为重点的"工作室"项目与"陈列室"项目负责管理区内两幢属于市议会的闲置建筑,这对该产业园区的快速发展起着十分重要的推动作用。由于"工作室"项目的作用,该地区内的音乐产业从业人员及相关企业可以获得短期的廉租房,从而吸引了更多的音乐企业落户。"陈列室"项目运作的资金来源于市艺术部门、英国电影委员会和约克郡与亨伯赛德郡艺术委员会,建有"陈列室"电影院与"陈列室"咖啡馆等设施。通过"工作室"项目与"陈列室"项目的实施,20世纪80年代中期该地区的经济出现了明显的转型和复兴迹象。

至20世纪90年代中期,谢菲尔德市文化创意产业中心已逐渐形成,该园区入驻了一大批文化创意产业企业,既有纯艺术、摄影、电影制作,也有音乐制作、图形与产品设计等。园区丰富的文化创意产业资源,也吸引了大量的文化创意人才。很多大学也开始入驻产业园区,如谢菲尔德海兰姆大学、北方媒体学院,还有新建的商学院。1998年,为解决园区内生活配套设施不全、产业机构过于单一的问题,谢菲尔德市发布了两个文件,即《谢菲尔德文化产业园区的使命与发展战略》和《谢菲尔德文化产业园区行动指南》,这极大地推动了谢菲尔德文化创意产业集群的快速发展。因为在这两个文件的刺激下,众多的私人部门纷纷开始投资园区的集群生活便利设施。另外,园区内也相继建成了多个大型艺术场馆,如国家流行音乐中心、超大型酒吧和音乐直播馆等,由此提升了谢菲尔德音乐集群的知名度,国家音乐大会和国际纪录片电影节还因此落户该集群。当前,谢菲尔德音乐集群已经集聚了几百家与文化设计、制作、传播相关的企业。在"工作室"项目中,还吸引了几十家文化创意类企业、机构、协会入驻。这些组织部门相互交织、相互合作,从而初步形成了一个较为完善的影视音乐媒体多产业融合的创意集群。

在振兴谢菲尔德文化产业集群的过程中,市政府部门起着极为有效的指导和参与作用,一方面是对改造城市基础设施所需资金的引致性投资,另一方面是降低企业运营成本,对其进行间接性的扶持。

2. 澳大利亚阿德莱德文化创意产业园区

阿德莱德位于澳大利亚南部,是澳大利亚南澳洲的首府。阿德莱德西区原是繁华的购物街区,但一直以来充斥着大量低俗娱乐场所,到 20 世纪 90 年代时也没有多大的改变,这令政府非常担忧。同时,南澳洲的传统制造业逐渐转向现代服务业,造成了经济下滑,而文化创意产业部门却在全球得到飞速的发展。综合上述几种因素,当地政府决定将阿德莱德西区转变为城市艺术区,为此专门出台了"阿德莱德 21 号计划"。该计划确定了阿德莱德的未来发展战略目标,即依靠高等教育部门促使城市向知识经济转型,发展文化旅游业和文化创意产业,实现城区功能的多元化和集中化。1997 年,阿德莱德西区入驻了很多高等院校,如南澳洲大学西校区的艺术学院、建筑和设计学院。为给高等院校学子们营造良好的社会环境,阿德莱德市议会决定彻底改善当地的商业环境,提供以娱乐和公共艺术为主的社会环境。1999 年,为团结当地艺术家和艺术组织,共同发展阿德莱德西区的艺术和创意产业项目,创造多元化的文化特色,阿德莱德市议会又通过了《西区:艺术导向型的城市复兴计划》。1999—2002 年,大量公共关系、设计与商业艺术公司入驻阿德莱德地区,每年举办一个艺术节,以营造当地浓郁的文化创意氛围。同时,阿德莱德市议会还为全面更新街区的基础设施提供资助,减少西区的一般娱乐场所,为文化创意类企业的房屋租赁提供优惠。在政府部门的影响和支持下,当地的文化艺术组织也积极改造西区。

由上述可知,阿德莱德西区最终发展成为一个成功的文化创意产业集群,政府发挥着极为重要的作用,如正确谋划当地发展目标,有效管理当地租户,大力扶持艺术组织的拆建。

（三）自发与政府导向协同型文化创意产业集群

自发与政府导向协同型文化创意产业集群是在多动力推动

下市场和制度机制共同作用、多指向发展形成的。政府推动的初始动力来自市场需求；创意空间由政府选定后开始招商引资，用艺术的标准改造或新建创意集聚区，以招标的方式吸引管理者来经营创意集聚区。创意集聚区的发展又会促进新一轮的创意产品市场需求，反过来又赢得政府更多的关注和政策倾斜。

世界上比较著名的自发与政府导向协同型文化创意产业集群如英国曼彻斯特北部音乐产业集群和加拿大不列颠哥伦比亚省（BC省）动画产业集群。

1. 英国曼彻斯特北部音乐产业集群

20世纪40年代后，曼彻斯特的传统支柱产业（纺织业）开始衰落，导致地区经济活力下降，企业数量和工作岗位也随之锐减，消费能力快速下降，大量的本地人口外流。20世纪80年代后期，一批新企业如潮流服饰店、酒吧、爵士乐俱乐部开始入驻曼彻斯特。20世纪90年代初，曼彻斯特本地的原有企业自发成立了东岸协会，为本地经济发展提供低息贷款，引导产业集中。加上曼彻斯特拥有大量低廉租金的闲置楼房，很多流行和摇滚乐队纷纷入驻此地，由此带动了当地录音工作室、音像制品店、流行音乐广播电台、设计工作室等大批配套企业的出现，营造了浓厚的音乐文化氛围。由于各种乐队的集聚，大量学生也纷纷来到曼彻斯特的学校学习。大学生不但是音乐产业的消费者，也是音乐产业发展的重要后备力量。

在民间组织、政府部门的大力扶持和推动下，曼彻斯特音乐产业集群实现了快速发展。1993年，东岸协会更名为北部园区协会，为获得更多的支持资源，该协会与市议会共同制定了《曼彻斯特北部地区发展战略》，提出通过共同联盟来执行计划，该联盟由多方构成。该计划还建立了一套完善的奖惩机制。北部园区协会除了发放大量低息贷款，还组织一系列文化项目。曼彻斯特市政府则制定了《企业补助计划》，额外补助迁入衰落地区的企业、文化创意产业部门的自有职业者，改善了创业环境，这对音乐产业集群的发展起着较好的引导作用。2000年，为本地文化创意企业提供各种服务,如信息咨询、企业新建和扩张拨款等,曼彻斯特还成立了一个企业需求导向型的政府机构——文化产业发展服务会。当前,曼彻斯特北部音乐产业园区已经拥有 500 多家企业和商铺,融购物、音乐、饮食、娱乐、时尚、生活和工作于一体。

2. 加拿大不列颠哥伦比亚省(BC 省)动画产业集群

作为北美三大影视制作中心之一,加拿大 BC 省于 20 世纪 80 年代开始为美国的动漫创意公司提供多种配套服务,如设计图样、动画配音、声音合成等。经过 10 多年的发展,这些公司的制作技术得到了很大的提高,并且开始有能力与国外厂商合作制片。20 世纪 90 年代末期,动画产业成为加拿大 BC 省电影业中的经济增长新亮点,其动画产业制作的原创作品也不断增加,控制了很多作品的版权,这成为集群快速发展的转折点。到了 21 世纪,本土制片已在 BC 省动画产业中占有重要地位,2003 年其收入在游戏动画方面总收入的比例达到 3/4,而在电脑动画方面总收入的比例则达 1/2。

为推动集群的快速发展,加拿大联邦政府和 BC 省政府通过多种渠道为动画产业园区的公司提供资金,并严格控制资金流向。同时,BC 省政府为文化产业的发展出台一系列的扶持政策和鼓励政策。对于公共艺术领域的非商业动画制作,政府采取资金申请与核准的办法,通过各大机构(如 BC 省艺术委员会、加拿大艺术委员会、国家电影董事会等)提供资金支持,鼓励艺术创新。对于实行产业化的动画制作,政府则在创意启动、资金筹措、制作加工、人才培养、税率优惠等方面提供相关信息服务和资金支持。BC 省政府还积极为动画公司拓宽产业发展资金的融资渠道。另外,BC 省各种文化协会的行业中介组织积极吸纳在本领域、其他领域(商界、教育机构、政府机构等)中的优秀人才加入,在投资方、政府部门和动画制作者之间的构建重要的信息渠道,极大地推动了本省的动画产业发展。

五、文化创意产业集群的区域效应

（一）文化创意产业集群的区域空间效应分析

1.市场竞争模式的新趋势

如今,市场竞争的趋势已经发展为产业集群化竞争。创意产业集群本身的规模化效应,已经渐渐成为国际市场竞争中的主体力量。

从国外众多的例子来看,文化创意产业集群表现出了强大的竞争力。近些年来,我国文化创意产业集群化发展迅猛,初步形成了六大产业集群:环首都创意产业集聚区;长三角创意产业集聚区;珠三角创意产业集聚区;西三角创意产业集聚区;中三角创意产业集聚区;滨海创意产业集聚区。六大创意产业集群形成相互连接的网状经济区域,引领和带动着周边乃至全国创意产业的发展,在区域经济增长和市场竞争中已经显示出巨大的力量。

2.文化创意产业集群的结构模式及发展特征

通过分析可知,文化创意产业集群的基础是地理位置的共同性,资源和结构的相似性,文化资源的共通性,创意企业间实现基础设施的共享,互利共赢的经济发展模式。

（1）文化创意产业集群的三种不同阶段的结构模式

根据区域的不同发展阶段,创意产业集群的空间结构有三种模式。一是发展早期的核心式空间结构。较早出现创意企业,充分利用政策、文化资源等有利条件,成为该区域的核心增长点,由于前期发展较好,吸引了周边的资金、劳动力等要素的集聚,产生生产要素的核心效应。例如,北京、上海、广州等大城市是最早产生创意产业集群的城市。二是产业发展中期的点轴式空间结构。随着核心点的发展,必然有更多的市场需求和人才在此区域空间内集聚,形成相对集中的点,点与点的链接,成为了规模更大的经济增长的轴线。三是产业发展的后期网络式空间结构。随着点和轴的深入发展,点之间的联系不断加强,进而形成互动式网络结构。

（2）文化创意产业集群经济发展的特征

创意产业集群相比传统产业又有一些独特的经济特征:一是在共同的文化背景及制度等外部环境下,集群内的文化创意企业成为主导者,其以文化为资源,以知识原创性为核心。二是集群内的文化创意企业间联系密切、相互依存、资源共享。三是创意产业网络中经济活动主体和各种组织机构相互协作,产生规模化的经济效益。

由于以上特征,文化创意产业集群得以迅速崛起,成为区域经济发展中的中坚力量。

3. 文化创意产业集群的效应分析

有学者把创意产业集群称为"蚁群经济"或"蜂窝效应"[①],综合来看创意产业集群的空间效应主要体现在以下几个方面。

（1）规模化经济效应

当众多数量的创意企业聚集在同一区域时,会产生各种专业的分工更加精细化,同时也会产生金融、会计、管理等方面的需求,由此产生更大的商机,吸引更多其他延伸行业的进入,从而增加产业集群的规模,形成良性的经济发展环境。

（2）成本节约效应

成本的节约对中小企业的前期发展显得尤为重要,首先体现在基础设施的共享;由于与产业集群内的合作企业处于同一区域内,大大降低了物流的成本、信息交换的成本等;最重要的一点是,企业之间容易建立起相互信任的长期的稳定的合作关系,降低相互谈判的成本,减少机会主义行为;同时企业间拥有更多的市场和人才资源信息,从而减少企业在这方面的大量投入。

（3）创新连续效应

创新连续效应主要体现在两个方面,一是纵向的创新连续

---

① 金元浦:《我国文化创意产业发展的三个阶梯与三种模式》,中国地质大学学报（社会科学版）,2010 年第 1 期。

性,当某一区域内出现产品的创新或升级时,它往往会引起具有密切关联的上下游企业产业进行创新。而与之关联产业的这种创新又会进一步扩散,形成纵向持续创新效应。二是横向的连续性,体现在不同企业之间的相互带动和激励作用,促进技术更加快速的创新。

（4）品牌效应

创意产业集群依托文化资源的独特性和创新能力创造出品牌价值。世界上一些著名的创意产业集聚区都拥有这样的品牌效应。这种效应提炼和浓缩了集群内众多企业品牌,从而更具广泛性、标志性和稳定性。

（二）文化创意产业集群对区域经济发展的影响

创意产业集群作为一种席卷全球的新兴的发展模式,对区域经济的影响力已经在国内外很多地区得到显示和印证。

1. 文化创意产业集群对区域经济增长方式的改变

（1）经济增长方式的转变的必要性

传统的经济增长方式主要是依赖丰富的自然资源,资源总是有限,势必会影响到区域经济的长远发展,因而传统产业结构的升级换代不可避免。创意产业在创造自身价值的同时,会产生很多延伸产品,使得众多的传统产业聚集在创意产业的周围,两者相得益彰,成为产业再生的源泉。

河南是文化资源大省,但却不是文化资源强省,经济发展程度和速度都较为落后,因而找到一条长远的经济增长方式迫在眉睫。

（2）增强传统文化的生命力,实现经济的可持续发展

市场经济发展到今天,一个国家、地区核心竞争的提升,必须依赖于创意软实力和文化生产力。我们也逐渐认识到其重要性,但文化资源丰富并不等于文化产业强大,必须通过各种创意去开发,进而转变成为自己独特的文化生产力。

文化的传承不等于固守,而是要通过创意,使其焕发出新的生命力,同时也为现代人服务,实现区域经济的可持续发展,形成文化传承与发展的良性循环。河南省历史文化资源丰富,但开发较为落后,创意能力还很弱,没有形成传承与发展的良性循环。

2. 文化创意产业集群对区域经济核心竞争力的提高

创意产业集群的核心竞争力是品牌价值和创新能力,反过来,品牌价值以创意产业集群为基础。创意产业集群在形成和发展过程中,利用自己文化资源和地理区位的同一性,不断完成产业升级,技术革新,形成自己的特色,逐渐得到外界的认同,进而上升到区域品牌的层次。区域品牌一旦成为产业品质和信誉标志,可以有力推动集群的市场竞争力,促进其他相关产业的发展。

3. 文化创意产业集群对区域经济差异性的优化

我国的传统产业主要以本地资源为依托,是劳动密集型产业,其发展速度和规模非常有限。在自然资源相对匮乏的中原地区,急需一种对自然资源依赖较小的产业类型来弥补这方面的不足,创意产业以创意为核心,主要依赖于文化资源,而文化资源正是包括许昌在内中原地区的优势所在。因此,中原地区发展文化创意产业集群,具有最得天独厚的优势。创意产业集群能对区域经济产生带动作用,缩小自然资源分布不平衡的差距,协调区域经济的发展。

4. 文化创意产业集群对区域就业能力的提升

创意产业集群不仅能够提供更多创意人才的就业机会,如创意设计、数字媒体、动漫网游等行业,同时也能够增加劳动密集型的传统产业就业岗位,如出版印刷业、娱乐服务业、手工艺品制作业、休闲健身业、会展、包装等行业,都需要大量的劳动力。河南是一个人口大省,也是一个劳动力输出大省,发展文化创意产业集群,能够在很大程度上缓解各阶层的劳动力就业压力。

第二节　文化创意产业集群的理论基础

一、生命周期理论

生命周期理论主要是解释文化创意产业集群的发展过程。

生命周期理论最初被美国哈佛大学教授弗农于 1966 年研究产品市场寿命所用,并撰文称《产品周期中的国际投资与国际贸易》。弗农认为,产品生命如同人的生命一样,要经历形成、成长、成熟、衰退这样的周期。一种产品进入市场后,最终也要被市场淘汰。随后,生命周期理论被扩展并应用到产业层面。在生命周期里,产业在不同的阶段有不同的特征。

（一）形成期阶段特征

产业处于形成期时,其企业数量较少,在技术方面的表现也不是很成熟,产品品种较为单一,还不能形成一定的市场规模,因此产业利润也比较微薄。但是,这个阶段的进入壁垒比较低,因此竞争也不会太激烈。

（二）成长期阶段特征

产业处于成长期时,大量厂商开始进入,产业内部集中程度不高,但生产技术开始逐渐成熟,并趋于稳定,产品不再单一,而是出现了多样化、差别化,形成了一定的市场规模,产业利润也因此得到迅速的增长。同样,这个阶段的进入壁垒也较低,但内部竞争程度趋于激烈,通常以价格竞争为主。

（三）成熟期阶段特征

产业处于成熟期时,内部集中程度高,技术已经较成熟。经过成长阶段后,这个阶段的市场需求增速开始有所减缓,此时的产业利润也达到顶峰,因此进入壁垒也很高,主要体现为规模壁垒,竞争手段以非价格手段为主,而且持续时间比较持久。总而言之,成熟期是产业发展的稳定阶段。

（四）衰退阶段特征

产业处于衰退期时,无论是厂商的数量,还是市场的需求,都开始逐渐减少,因此导致利润的降低,出现了大量的新产品和替代品,原有产业的竞争力下降。

奥地利区域经济学家蒂奇将弗农的产品生命周期理论用于研究产业集群发展演化。他将集群生命周期划分为诞生阶段、成长阶段、成熟阶段和衰退阶段。蒂奇认为,产业集群走向衰亡的原因在于其只注重价格竞争,忽略学习专有技术和知识,不重视技术、知识的转化和创新,从而导致产品技术含量低。

总之,运用生命周期理论分析文化创意产业集群的发展过程,有助于揭示文化创意产业集群的形成—成长—成熟—衰退的发展过程,从而判断其处于生命周期的哪一阶段,以推测、展望其今后的发展趋势,正确把握其市场寿命;了解文化创意产业集群不同阶段的发展特点,从而可以有针对性地采取相应的公共政策,对其加以引导,增强文化创意企业竞争力;了解文化创意产业集群的发展阶段,可以有针对性地采取措施延长其生命周期,以使其得到持久稳定的发展。

二、自组织理论

自组织理论主要是解释文化创意产业集群的发展机理。

自组织理论并不是一个系统的理论,它是在 20 世纪 40—60 年代产生的系统论、信息论、控制论、耗散结构理论、协同论、突变论、超循环理论、分形理论、混沌理论等基础上综合而成的学说,研究对象为自组织现象及其规律。也就是说,自组织理论是由一组理论构成的。这些理论的研究对象并不相同,但都有一个共同点,即都是非线性的复杂系统或非线性的复杂的自组织形成过程。

哈肯虽然是"协同学理论"的创立者,但他于 1976 年最先提出了"自组织"的概念。他认为,在没有外界的特定干涉下,如果一个体系获得空间的、时间的或功能的结构,那么,该体系就是自组织的。随后,普里高津及其同事在建立耗散结构理论和概念时,也使用了"自组织"这一概念,并用该词对那些自发出现或形成有序结构的过程进行描述。

自然界和社会经济系统经过长期的演化选择,自然而然地形成自组织这种进化方式。自组织不需要外界特定的指令,可以自行组织、创生、演化,可以自主地从无序走向有序,最终形成有序结构的系统。这就是自组织系统。自组织系统内部的结构、机制促成其自组织能力。自组织系统通常都包含着大量的元素和亚系统。在环境作用的推动下,大量的元素和亚系统彼此之间发生复杂的非线性相互作用,从而又形成了某种反馈调节机制,进而产生了彼此协同的、合作的、集体的运动。至此,自组织系统被有序化、组织化,从而成为有机整体,具有了整体上的特性和功能。

自组织理论提出一系列关于研究自组织系统或自组织过程的基本原理,如图 4-3 所示。这些原理给出了完整的系统的自组织条件、机制、途径等判别的方法和依据。因此,利用这些原理可以判定系统的自组织性或自组织过程。

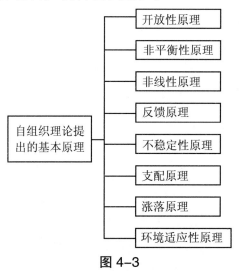

图 4-3

第三节　文化创意产业集群的生命周期

一、文化创意产业集群形成阶段

对于产业地区性集聚的原因,英国经济学家马歇尔在《经济学原理》一书中做出了这样的解释:知识与技能特别是新思想新主意在区内的传播共享更加便利,从而节约了交易成本,还有规模经济和外部性。马歇尔说:"互相从邻近的地方得到的利益是很大的。行业的秘密不再成为秘密……如果一个人有了一种新思想,就为别人所采纳,并与别人的意见结合起来,因此,它就成为更新的思想之源泉。"在集群的环境下,更容易萌发、衍生新创意,新思想与新主意也得到更快速的传播。对文化创意产业而言,这也是其集聚发展之路的根本原因。文化创意产业集聚的形成,来源于新创意的出现。

一个地方的传统产业衰退,但它本身却具有悠久历史的文化传统,在自然资源环境方面也占优势,旧有的产业配套仍然良好,在此基础上,比较容易产生文化创意产业集群。在文化创意产业集群的形成阶段,一般都由一些中小微型的文化创意企业组成,因此他们要进行知识、创意的信息交流存在较大的困难,初步的合作网络还无法形成,不利于知识的溢出和传播。企业知识的来源限于自身的积累,还未形成有效的集体学习机制,也没有相关的知识信息服务中心,集群因此无法形成整体的创新能力。同时,集群内文化创意企业之间缺乏信任,多表现为竞争关系而非合作关系。此时,集群发展的外部环境也还不完善,政府也没有给予支持和必要的规范,这使得集群内企业间的竞争更加无序。基于上述特征,该阶段的集群内外边界还较为模糊,因此还不能将之称为一个完整的严格意义上的产业集群。

在形成阶段,文化创意产业集群的演化通常会出现两个结果。第一,由于政府还未出台相关的扶持政策,集群内企业间还难以建立起合作关系,因此无法显现出集群效应。第二,政府及时出台相关扶持政策,使集群进入了快速的成长期。

二、文化创意产业集群成长阶段

在此阶段,集群内的文化创意企业、从业人员在数量方面出现了明显的增加;政府也开始制定相关的政策给予必要的扶持,完善了企业的发展环境,当地原有的文化创意企业开始焕发生机,开始吸引同类企业入驻集群。在这当中,企业之间开始建立互信关系,增加了交流与合作,产生了明显的企业知识溢出和传播,集群内企业获取知识的渠道开始多样化,初步建立集体学习机制,开始形成根植于当地的知识网络,逐步提升了集群的整体创新能力,从而吸引了更多的创意人才加入集群,同时带来了集群外的知识、信息。集群内外知识、信息的交流碰撞,产生了更多的新创意,为集群内创意企业提供服务的中介组织也纷纷出现。至此,各类文化创意企业、中介机构、政府和非政府机构的集群创新体系得以建立,该体系也带来了更多信息,集群的边界也更加清晰。

三、文化创意产业集群成熟阶段

经历了快速成长阶段后,文化创意产业集群开始逐步放慢了增长速度,进入了成熟稳定的发展时期,即成熟阶段。该阶段是集群快速成长阶段的延伸,而在成长阶段积攒的基础设施、创意人才、文化创意企业等资源,为集群在成熟阶段进行知识创新奠定了坚实的基础。此时,集群内各文化创意企业已建立了良好的合作关系,生产协作网络进入了良性循环。同时,集群内的信息和资源得到迅速的流动,各文化创意企业之间的网络联结度和配套度得到进一步的增强,并保持在一个较高的水平之上。在集群内各类组织机构的作用下,一个网络状的生态结构得以建成,从而又形成了一种具有复杂性的创新网络。

在成熟阶段,文化创意产业集群的演化将可能会出现两个方向。第一,集群成熟阶段进一步延续。第二,集群增长乏力,以致缓慢走向衰落。集群内成员企业为维护自身在集群中的有利位置,很少开发新的合作机会,而更多地依赖于原有的合作关系,从而使企业的创新意识淡化,逐步产生了"路径依赖",增长平缓,创新能力不断减弱。

四、文化创意产业集群衰退阶段

经过较长时间的发展后,文化创意产业集群通常会出现一系列的问题。例如,集群内各类组织的增加,使得各文化创意企业之间的竞争更加激烈,从而大幅度提高了生产成本(劳动力价格和土地价格),根植于本地的生产协作网的维护成本也不断提高;企业创新能力开始减弱,导致出现惰性和僵化现象。这些问题无疑阻碍了集群的增长,从而走向衰退。

在衰退阶段,集群内的一些企业或者破产,或者开始迁移,集群科技创新资源总量减少。

同其他阶段相比,衰退阶段的集群企业在创新意识方面开始减弱,企业不再特别重视创新活动,也很少出现知识的溢出、共享,由此降低集群的学习能力。至此,文化创意产业集群开始衰退。

第四节 文化创意产业集群的影响因素

一、文化创意产业集群的一般性影响因素

一直以来,国内外学者都很热衷于研究产业集群形成和发展的影响因素,近些年来学者们更为关注的是文化创意产业。理查德·弗罗里达提出了著名的"3T"理论,认为一个地区要想发展创意产业必须具备创意人才(Talent)、创意技术(Technology)、城市文化包容度(Tolerance)。格雷格·赫恩则认为,创意产业发展必需的基本要素为知识产权保护机制、创意人才群体、有效

的信息交流平台,完善的风险投资体系。我国学者陈倩倩、王缉慈认为[①],城市本身拥有高效率的基础设施和创意基础结构(如大学、研究机构、风险投资、知识产权保护),可以创造吸引创意人才的社会环境,因此文化创意产业更适合在创新城市发展。王志成等认为[②],城市创意经营环境和城市创意资本基础是城市发展创意产业的主要影响因素。王洁则认为[③],影响创意产业集聚的因素有五个,即创新系统、产业特征、区域环境、政府支持、偶然因素。蒋雁、吴克烈通过对杭州创意产业区的实地研究,他们认为创意本身的特征、创新环境、网络环境和政府支持这几个因素影响文化创意产业集群的形成与发展[④]。

综合以上各方观点,影响文化创意产业集群发展的因素可以归纳为制度政策因素、社会文化因素、市场因素、企业创新因素、企业网络环境因素[⑤]。

（一）制度政策因素

制度政策因素主要包括知识产权制度因素、风险投资因素、产业基础设施因素,以及政府政策在文化创意产业集群中的角色定位和职能。

1.知识产权制度因素

知识产权制度对文化创意产业集群的影响主要表现为以下几方面。

---

① 陈倩倩,王缉慈:《论创意产业及其集群的发展环境——以音乐产业为例》,地域研究与开发,2005 年第 5 期。
② 王志成,谢佩洪,陈继祥:《城市发展创意产业的影响因素分析及实证研究》,中国工业经济,2007 年第 8 期。
③ 王洁:《产业集聚理论与应用的研究——创意产业聚集影响因素的研究》,同济大学博士学位论文,2007 年。
④ 蒋雁,吴克烈:《基于因子分析的创意产业区影响因素模型研究》,上海经济研究,2009 年第 1 期。
⑤ 毛磊:《文化创意产业集群的演化与发展》,镇江:江苏大学出版社,2013 年,第 125 页。

（1）完善的知识产权制度是文化创意产业集群发展的前提

英国经济学家霍金斯认为，文化创意产业的产品都受知识产权的保护。而美国则走得更远，用版权产业代替创意产业，创意产业就是生产、分销知识产权的产业。从经济学的角度来看，知识产权制度奖励创造者的劳动，并保证其获得合适的激励，从而调动知识创新者的积极性。知识产权制度使知识产品成为私人物品，有效降低外部效应，极大激励了发明创新，进而促进文化创意产业的发展。由此可以发现以下几点。

第一，文化创意产业集群的最终产品正是知识产权制度所保护的客体。创意产品的核心内容是创意，而知识产权是一种无形的财产权，其客体是非物质的、创新的知识和技术，这就是二者的重合之处。创意产业创新成果产权化的形式正是知识产权。创意从形成到转变成有形的产品的过程，包括生产、营销，每个环节都受知识产权制度的激励、保护。可见，创意产品和知识产权之间具有很密切的关系。

第二，文化创意产业本身就是有风险的，而知识产权制度可以对其加以保护。由于市场需求的不确定性，文化创意产品的生产含有较大风险。而且，文化创意产业本身具有高增长、高回报的特性，同时也含有高风险。为规避开发和经营风险，交易各方都在努力寻求相关制度，以保护自己的利益。而知识产权制度规定知识生产者在一定时期内可以享有对其知识产品的垄断权，使其能够收回生产成本，甚至获得高额的利润。由此可见，知识产权的保护在文化创意产业集群发展的过程中起到了关键性的作用。

（2）知识产权制度对文化创意企业创新行为激励效应的演化博弈模型构建

文化创意企业要鼓励创新行为，调动创新工作人才的积极性，离不开激励、引导以及良好的法律环境，而知识产权制度的确立可以起到直接激励的作用。由于知识经济的冲击，技术创新的成本越来越高，风险越来越大。而在知识产权制度的保护之下，文化创意企业被授予相应的知识产权,因其技术上的垄断地位,可合法地在市场竞争中获取高额利润,从而也可以收回投资成本。这样既鼓励了文化创意企业的技术创新,又可促进其把更多的资金投入到技术创新中,从而形成了一种良性循环。在一定期限内,文化创意企业还可以转让技术或者许可使用技术,从而获取可观的利润,这在经济上、技术上对企业技术创新都形成了很大的激励。

知识产权制度对文化创意企业创新行为的作用机制有一个演化博弈的过程,并可据此构建演化博弈模型。该模型涉及演化博弈论,那是一种结合动态演化过程分析和博弈理论分析的理论。

演化博弈是关于行为策略的相互作用与迭代过程的博弈论模型,其遵循生物进化论中的适者生存原则,研究对象为"种群",关注的是种群结构的变迁,关心的焦点是"演化稳定策略"(ESS)。如果某一个系统里的参与者采取了"演化稳定策略",那么另外的个体采用的是其他策略,其将无法侵入该系统。

在对文化创意企业的创新行为进行分析时,可将当中的参与者划分两种类型,一种是普通企业,另一种是具有较强创新能力的企业。基于有限理性的假设,文化创意企业在最初的阶段无法准确判断自己所处的利害状态,只能选择自认为最有利的策略逐渐模仿前行,最终达到均衡。具体而言,每一轮博弈都在普通企业和具有较强创新能力的企业中随机抽样,由被选者进行博弈,获得在博弈中所得的利益。这个过程往复循环,直到找出合适系统的演化稳定策略。需要强调的是,技术创新的演化在选择不动点或均衡点时通常是多样的,有很大余地,但最终要进入哪一个平衡点,则由技术创新市场演化的初始状态以及制度安排来决定。

文化创意产业集群如果没有完善的知识产权保护制度,即使有也执行不力,就很有可能诱使普通企业之间模仿成风,出现很多所谓的山寨产品、服务,导致创新力强的企业的创新成果被无偿获得,失去了充足的创新原动力。反之,当一国政府制定并执行严格的知识产权保护制度时,能在很大程度上抑制风靡的山寨产品、服务,使普通企业通过模仿创新获取收益的代价更高,从而放弃模仿,也保护了创新能力强的企业利益,激励创新行为。可见,只有良好的制度环境才能对文化创意企业的创新行为起到激励的作用。在良好的制度环境下,文化创意企业重视知识产权保护的行为得到鼓励,反过来又加剧了文化创意企业技术创新的竞争,促使其提高创新效率,最终加速整个文化创意产业集群的技术创新行为。

2. 风险投资因素

文化创意产品与风险投资之间存在着客观必然的经济关联。文化创意产业的风险投资以创意经济为基本增值点,集内容、科技、管理于一体,体现智力资本与物质资本共担风险、共同发展的双向价值诉求。

对于文化创意产业来说,一个创意从最初简单的想法到实实在在的创意产品,其转化过程需要集中大量的人力,而且收益难预测,经营风险很高,其所面临的一切实际困难类似于高科技行业。文化创意产业的成长性很高,它以人的精神创造力为基础,需要集合多种人力资源。随着近年兴起的互联网新媒体,创业者的智慧因此得到了很大的发挥余地。风险投资也是近年来才兴起的一种投资方式,使得以前的资本雇佣劳动关系向劳动雇佣资本关系转变,创业者凭着自己的智慧就可以有资格寻求与资本的合作。由于文化创意产业以精神创造力为核心,其创新性要求比其他行业更高,因此其所面临的风险也更高。发展文化创意产业选择风险投资方式,二者共担风险、共同发展,实现双赢的价值。

由于投入大,风险高,因此风险投资在知识经济,尤其是现代科技的发展中占有重要的地位。科学技术转化为现实生产力时就需要投入大量的资金,而文化创意企业在初期阶段也非常类似高科技企业,也通常缺乏原始的资本积累;同时,文化创意企业的经营风险高,其贷款资信也很难查询,金融机构不会轻易贷款给这样的企业。因此,文化创意企业只能从风险投资人那里获得资金,而风险投资又偏好于高成长性、高风险性、高回报性的行业,视知识为资本,乐意为其提供帮助,以获取高增值性带来的利润。可见,文化创意产品与风险投资之间有着共同的价值诉求,是完全可以合作的。这也正是中国发展文化创意产业所迫切需要的。

3. 产业基础设施因素

这里说的产业基础设施主要是指硬件基础设施,包括全部为企业集群提供硬件支持的要素,如道路、水电、通信网络等设施。从国外产业集群发展情况看,文化创意产业集群的成长和演化都离不开完善的基础设施条件。创意产业集群偏好于具有深厚文化底蕴的"3T"型城市,偏好于技术发达、人才密集和高度开放的国际大都市,如纽约、伦敦、香港等都属于创意产业集聚区最集中、最发达的地区。"3T"型城市的基础设施非常完善,区位条件也很优越,各种生产要素也非常高级,通常是全国的政治、经济、文化、金融、科技中心。这非常有利于发展文化创意产业集群。

4. 政府政策在文化创意产业集群中的角色定位和职能

1950年,法国经济学家佩鲁提出了增长极理论,该理论倡导通过政府的人为干预,从而促进地区经济发展。佩鲁认为,政府在产业聚集形成、发展过程中应该起主要的作用,主导产业或专业化企业有了政府的投资,通常会因此聚集很多相关的产业或企业,最终把整个区域的经济发展带动起来。

美国战略管理学者波特认为,政府在产业集群的形成发展过程中发挥自己相应的职能,起着多方面的作用。第一,政府要维护宏观经济的稳定,是一个维护者。第二,政府要改善经济体中微观经济的一般能力和运作效率。为此,政府要投入一定的资金改善一般资源的效率和品质,如加强硬件设施的建设,准确及时提供创意产业相关的经济信息等。此时,政府是一个投资者。第三,政府建立整体的微观经济规则,有效监督微观经济的竞争行为,包括各种产业政策、税收制度、考评企业管理者的监管规则等。此时,政府是规则制定者、监督者。第四,政府各部门互相协调和配合,消除制约产业集群发展的政策性障碍,从而为创意产业集群创造良好的发展环境。此时,政府是推动者,波特认为这是最适当的角色。

综合以上观点,政府在文化创意产业集群形成与发展过程中的作用主要体现为以下几点。第一,介入文化创意产业的经济活动,克服市场失灵带来的障碍,有效配置资源。第二,为文化创意产业集群提供大型公共产品和服务,这通常是私人部门不愿意涉足的或者是无法提供的。第三,为调节市场,对生产要素所有权进行保护,制定相关法律法规,消解阻碍市场有效运转的因素。总而言之,政府在促进文化创意产业集群形成、发展过程中所扮演的角色就是监督者、协调者。

从我国国情来看,政府在文化创意产业发展的过程中执行的职能主要体现为以下几点。第一,政府制定、出台积极的公共政策,引导文化创意产业发展,放大文化创意产品的正外部性,规避负外部性的影响。在市场经济条件下,文化生产被导入利润最大化原则,当文化生产的社会影响与商业利益相冲突时,生产主体通常会倾向于商业利益。这与国家提倡和要求的主流价值相违背。此时,就需要政府提供有效的市场规范,从而保证文化生产在正确的轨道上顺利运行。第二,政府制定完善的产业政策,有效推动文化创意产业集群快速发展。与其他产业如钢铁、汽车相比,文化创意产业属于新兴产业,密集资本和技术含量。世界主要发达国家都非常关注、重视文化创意产业的发展,通常都制定了完善的产业政策,对其予以积极的支持。

（二）社会文化因素

社会文化因素具体主要包括创意人才供给因素、文化创作氛围因素、人才创业精神因素。

1.创意人才供给因素

创意产业集群的形成和发展离不开创意人才,只有源源不断的充裕的创意人才供给和更替,创意才得以延续。而不断的创意人才供给,又离不开柔性化的地方劳动力市场,即柔性劳动力市场。柔性劳动力市场不但雇佣柔性、劳动力柔性,而且工作时间柔性、工作柔性。在柔性劳动力市场内,劳动力可以自由地在不同行业不同区域间流动,自由进出劳动力市场,有着大量的兼职人员。值得注意的是,柔性劳动力市场在文化创意产业集群发展中具有非常重要的作用,主要表现为以下几点。第一,柔性劳动力市场提供各种劳动力。文化创意产业集智力和劳力于一体,既要一般技能的生产加工者,也需要具有创新思维的高层次人才。而柔性劳动力市场可以满足这样的需求。第二,创意产业组织的柔性化,更能吸引诸多的创意人才加入。创意产业的工作具有短时性和临时性特征,其主要方式是项目导向的团队工作。许多创意人才偏好于兼职,这就要求人才组织方面能柔性化,允许兼职。同样,柔性劳动力市场也可以满足这样的需求。第三,文化创意产业集群通常配套有与创意设计相关的大学和学院,从而能够有效供给创意人才。大学本身就聚集着各种专业的创意人才,而且学生来自全国各地甚至来自海外,他们都在不同的地域文化中成长,从而也带来了不同的思想和创意,汇集到学校互相碰撞,从而产生源源不断的创意思想。此外,高等学府的社会氛围比较开放,多为年轻人,具有较强的包容性,允许不同思想、不同创意、另类人群的存在。这些都为当地文化创意产业集群需要的创造力和研发能力提供了恰到好处的土壤。从当前国内外的文化创意产业聚集区来看,大学都被划入区内,或以大学为中心向周边辐射,从而使当地产业活动和学习生活、地方文化交织在一起。另外,大学也可以当作一个据点,连接其他重要的学习中心,更好地促进创意思想的产生,也为扩散创意思想架设桥梁。

2. 文化创作氛围因素

良好宽松的文化创作氛围是创意人才选择工作、生活地点的必备条件。文化创意产业集群所在的城市应该对创意阶层具有吸引力，这既需要提供大型的文体艺术场馆，还要提供一些小规模的街区便利设施如特色餐馆、咖啡点、酒吧、小剧场等，还应该定期或不定期举办各类艺术展览，提供大量艺术和音乐空间，营造本土街道文化。这些都非常有利于形成创造力的公共空间。这些公共空间应该是让人感到轻松的、舒服的、惬意的，人们在当中交流可以刺激更多样性的社会环境，有助于形成创意思想。另外，加上互联网建立的虚拟空间，更容易构成激发文化创作的创意氛围。

拥有丰厚文化遗产的城市，通常也就意味着其拥有进行文化创作的先天优势，更容易形成良好文化创作氛围。文化遗产本身具有的文化特色，由主意激发出新创意。城市文化遗产即"中心区域文化继承性"不断刺激新创意的产生，从而使中心区域更容易形成创意产业集群。中心区域在经济、物质和社会文化特性的驱动下，催生独一无二的创意活动。一些设计和创意活动一般都倾向于在大都市核心专业化氛围内高度"地方化"。地方文化通常拥有丰厚的历史底蕴，这通常能够促使创意产业集群形成自己独特的区域优势。地方文化具有特定的传统和惯例，存在于特定的区域（这个特定的区域通常成为文化创意产业的聚集区），从而形成独特的地方产品。这些产品可以被模仿，但因不能脱离特定的地域文化氛围而无法被完全复制。特别是在新的文化经济中，创意产品时刻拥有与直接起源地点相关的特征。

3. 人才创业精神因素

与其他人才相区别，企业家人才最根本的特征在于其拥有创新精神、机会识别以及冒险精神，同时这也是优秀文化创意人员所应该具备的。熊彼特指出，企业家最强有力的动机是"个人实现"，即热衷胜利，享受创造的喜悦，具有坚强的意志等品质。这也正是创意人才的创新精神之所在。企业家不但能敏锐识别机会,还能捕捉住机会,利用机会创造利润。与旁人相区别,企业家有着独到的"悟性",并拥有特殊的知识。同时,企业家还勇于承担创业风险。实际上,很多创意的风险一开始都是个人承担的,而并不是厂商完成的。创意产品的核心是创新,因此从事文化创意工作的人员必须是富于想象力的,要头脑灵活,敢于突破传统,打破常规;与其他职业人员相比,文化创意人员一般不是循规蹈矩的,不墨守成规,敢于创新。在文化创意产业集群中,各类从事文化创作的人员都需要有创新意识、创新能力。这是文化创意产业集群产生和发展的关键因素,是文化创意产业的灵魂。其中,从事文化创意的原创人员能够进行创造性的构思,而经营决策人员能够进行创造性的营销和推广。可以说,凡是优秀的创意人才一般都会具备明显的企业家创新精神。

（三）市场因素

市场因素主要包括文化创意产品的市场需求因素和文化创意企业面对的市场竞争因素、参与国际合作因素。

1.文化创意产品的市场需求因素

市场需求决定了企业经营的效果,实际上也决定了某个地区对文化创意产业企业和创意型人才的吸引力。大城市的市场需求较大,往往聚集着大批的创意人才和文化创意企业。一个地区的文化影响当地消费者的偏好,从而影响市场的需求。随着现代社会经济的快速发展,人们生活水平的提高,物质需求趋于饱和,大众的文化体验类消费需求不断增加,特别是青少年对创意性、时尚性强的文化创意产品需求越来越强。为迎合文化体验消费的市场需求,可以大力发展文化创意产业,培育形成"体验经济"时代的消费新热点,满足人们多元化的文化体验需求。

2.文化创意企业面对的市场竞争因素

与传统产业不同,文化创意产业对于发达国家而言仍然算是新兴的知识密集型产业,但逐渐成为国民经济的支柱产业。随着经济全球化、网络技术的日益发达,信息化的趋势不断加强,各国文化创意企业也纷纷跨国并购,扩张规模,积极参与国际竞争。尽管当前我国在该领域与西方发达国家还存在着一定的差距,起步也晚,但发展速度较快。北京、上海、广州等地因其在政治、经济、旅游、科技、文化方面拥有绝对的优势,已经逐渐成为我国文化创意产业发展的中心城市。而长江三角洲的重要节点城市如杭州、南京、常州等将文化创意产业列为城市未来发展的重要支柱产业,并给予特别扶持。目前我国文化创意产业正在快速发展的进程中,可以预见今后该领域的竞争激烈程度。

3. 文化创意企业参与国际合作因素

集群内企业参与国际合作,有助于集群的快速发展。在初始阶段,文化创意产业集群企业也许仅为创意产品提供一些辅助性的配套服务,处于创意产品价值链生产的末端。然而,随着与其他企业合作的进一步加深,建立起了密切的互信关系,企业之间人员的交流和沟通也进一步加强,配套企业的生产能力因此得到提升,最终也有可能走向创意产品价值链的前端。

(四)企业创新因素

企业创新因素主要包括企业新知识的吸收能力、企业创新氛围因素、企业对员工创业的态度。

1. 企业对新知识的吸收能力

1990年,科恩和利文索尔界定了对企业的知识吸收能力,认为它是一个相承的连续过程,组成成分包括识别评价、消化和应用外部新知识的能力;企业的知识吸收能力具有路径依赖性,是研发活动的副产品。知识吸收能力从企业学习能力的角度对企业如何获取并保持竞争优势进行探讨,以解释企业通过学习、发展和吸收新知识从而创造竞争优势的过程。他们认为,关注企业内部独特资源的同时也应该关注企业外部资源,这对企业获取独特资源是很重要的。很显然,企业要持续地拥有独特的资源,必须要不断吸收外部资源,保持开放的态度。对企业评价、消化和应用新知识于商业目的的能力进行评估时,企业的吸收能力是重要的衡量标准,而这又取决于企业内部人员的吸收能力。企业拥有良好的知识吸收能力,有助于从合作者那里获得相关的技术和操作经验,从而更好地借鉴其他企业的创新成果。可以说,这种能力使得企业的战略具有了柔性,从而在变幻莫测的市场环境中获取技术知识和创意,求得生存和发展,实现自主创新,并保持自己的竞争优势。

2. 企业创新氛围因素

企业创新氛围可分为两种,一种是消极创新氛围,即企业员工感到创新活动受到阻碍的氛围;另一种是积极创新氛围,即企业员工感到创新活动得到鼓励、促进的氛围。在消极的创新氛围中,企业员工在实施创新行为时遭到其他同事的排斥,企业也不认可,因此打击其学习创新知识的信心,从而丧失其创新动机。在积极的创新氛围中,企业员工在实施创新行为时被同事认可或企业接受,反过来又激励其进一步更新自己的知识,激发更多的创意思想,实施更多的创新行为,并努力提高其水平。文化创意产业创新实际上就要求文化创意企业营造倡导个体创新的氛围,营造崇尚探索精神的工作环境。与其他传统产品的生产流程不同,文化创意产品的制作从创意的萌生到创意产品的转变过程,每一个环节都离不开探索精神,离不开集体交流的合作态度。可见,文化创意产品的生产在一种压制创新、以计件生产计算个体报酬等的管理模式下是难以实现的。创意产业从业人员通常按照自己的原则进行创作,注重原创性和艺术性。他们的创意需要丰富的想象力、情感和热情,不喜欢受到约束,崇尚自由宽松的积极创新氛围。

3. 企业对员工创业的态度

文化创意企业工作的核心员工在长期的工作过程中逐步掌

握了企业的隐性知识，久而久之萌发离开原企业另行创业的念头。在原企业的工作过程中，他们积累了企业运作的经验，也形成了企业家精神，并且在当地积攒了较多的人脉资源，因此也通常选择在当地创业，增加了成功的可能性。可以说，核心员工是成功企业天然的模仿者。从文化创意产业集群健康发展的具体情况来看，一个处于成长期的文化创意企业规模小，竞争力也不强，所以应在此阶段加强保护其产品的知识产权。在此基础上，文化创意企业对员工创业应该持开明的态度，不应限制其创业行为，也不应该设置阻碍。传统产业集群快速成长的重要内生路径就是核心员工从原企业出来创办自己的企业，这同样适用于文化创意产业集群。

（五）企业网络环境因素

企业网络环境因素主要包括企业之间相互学习和交流的状况、知识外溢状况、信任度，以及公共服务平台的建设、中介机构提供服务的成效、高校和科研机构的服务效率。

1. 企业之间相互学习和交流的状况

作为一种产业空间组织，文化创意产业集群为高度个人化和专属性的隐性知识提供了传播渠道，为创意人员提供交流平台，艺术家和创意设计人员汇集于此，共享知识和信息。同时，集群内各企业之间频繁交流，在实际生产过程中也积累了新知识。隐性知识通常主要隐含在个人经验和思想之中，难以对其进行规范，也很难通过媒介进行传递，只有通过近距离、面对面的交流和非正式的方式，实现知识的外溢，从而产生新的创意。在集群内，产生创意的关键要素就是要让知识流动起来，各种思想得到交流和碰撞。因此，集群内各种复杂的、非正式的要素流动渠道可以有效激发创意的产生。

2. 文化创意产业集群的知识外溢状况

文化创意企业之间通过相互学习和交流，产生信息和知识的外溢,成为集群的公共知识。当溢出的知识与集群内企业、个人原有知识进行有效整合,通常会萌发出新的创意,最终促进文化创意产业集群的发展。这也是文化创意产业走集群化发展路径的根本目的。文化创意产业集群的知识可分为显性知识和隐性知识。其中,隐性知识是集群中最具价值的知识,其大量溢出是文化创意产业集群知识溢出的主要特征。显性知识易于编码,也易于转移和扩散,与之不同,隐性知识存在于个体之中,难以编码,只有近距离的知识交互才能产生流动与溢出,并产生新的隐性知识和显性知识。

3. 集群内企业之间的信任度

文化创意产业集群内企业之间展开合作,共享知识、信息,其基本的前提就是信任。创意产业集群中,很多创意设计是围绕某个项目而开展,需要多个企业参与合作。在项目的合作过程中,参与成员间必须要互相信任,否则工作难以开展。互相信任,可以提高企业应对市场多样性需求的灵敏度。文化创意企业在信任的基础上,互补知识和创意思想,瞄准市场需求,生产出新奇的创意产品。高度的信任,有助于合作各方能够采取灵活的态度,迅速形成决策。此外,互相信任还可以减少集群内企业间的交易成本。有了信任,集群内企业之间的信息沟通就更为有效,从而也降低了对契约、监督的依赖程度,由此降低交易成本,提供合作效率。可见,信任在文化创意产业集群内企业间的合作中起到非常关键的作用。随着合作程度的加深,文化创意产业集群基于当地合作关系网络的竞争优势也得以持久。因此,要鼓励集群内企业积极共享知识和信息,营造一种集群内部的互信环境,促进集群的发展和扩大。

4. 集群内公共服务平台的建设

文化创意产业集群内大多数的企业规模不大,工作人员也很少,但受教育程度一般都较高,生产的产品主要是为了满足人们的精神需求,发展前景良好。但是,正如前面所说的,创意产品的创作、生产、经营都具有较大的风险,资金短缺,融资难度大,且一般都缺少管理经验和开发业务的渠道。这些问题的存在使得文化创意企业难以生存发展,迫切需要公共服务平台的支持。公共服务平台可以全面支持文化创意产品的形成,为创作人员了解市场需求提供桥梁;为文化创意企业资源的共享和高效利用提供平台,从而降低企业成本,提升竞争力。刘寿吉、戴伟辉、周缨认为,文化创意产业集群内公共服务平台有四大主体功能和五大支持功能,分别为"研发、孵化、营销、融合"和"信息供给、资本援助、政策支持、产权保护、创意评估"[①]。

5. 中介机构提供服务的成效

能为文化创意企业提供中介代理服务的主要是一些专门的策划公司、版权代理机构、艺术中介机构等。当今的文化创意正走在产业化的道路上,其生产的创意产品必须要获得市场的认可;创意产品也不再是创意人才突发灵感的产物,而是需要精心的设计、策划。中介机构对市场需求的了解、预期和把握比一般的创意人才通常更具有优势,他们策划专业,市场营销战略娴熟,可以使文化创意企业快速地取得利润。在这当中,中介机构可以为集群内企业与外部合作、获取外部资源假设桥梁,促进市场要素的流通和交易;促使集群内企业降低交易成本和供需双方的市场风险。

6. 高校和科研机构的服务效率

从实践来看,文化创意产业园区多依托当地高校、科研机构,从而也得以聚集了大量创意企业和创意人才,形成了良性循环。高校和科研机构是创意产业集群形成和发展的重要核心力量,相当于"知识库"的地位。高校和科研机构本身拥有丰富的创新资源,对大量的优秀企业和人才形成吸引力,创意产业集群如果靠近它们则更容易获得高素质的创意人才。高校和科研机构通常

---

① 刘寿吉,戴伟辉,周缨:《创意产业的生态群落模式及专业性公共服务平台研究》,科技进步与对策,2009 年第 17 期。

会产生知识外溢,向集群释放知识和信息,从而增强集群整体的创新能力,进而衍生大量的技术型文化创意企业。此外,高校为经济发展提供智力支持的同时,还提供创意集群发展所需要的包容。因为学生地域不同、种族不同、语言不同、文化不同,高校会自然地呈现出多样性,能够宽容各种思想观念以及非主流思想,从而在整体上提升地区、集群的宽容度。

二、文化创意产业集群影响因素的实证分析

创意产业集群形成和发展受众多因素的影响,如自然资源、市场需求、社会文化和制度环境等。这里以河南省的文化创意产业集群为例,探索其独特形成发展的影响因素。

(一)区域因素——基础条件

区域因素包含地理位置和资源禀赋这两个子因素。

地理位置的优劣是文化创意产业能否聚集的关键因素。一个交通便捷、有利于生产经营活动的地理位置,可以降低交易成本,知识、信息的共享更加顺畅,易于吸引大量企业形成产业聚集,反之则不然。河南省位于我国的中部地区,近些年来正逐步完善高铁、航空等各种不同交通工具形成的交通网络,符合创意产业集群的发展条件。

资源禀赋是某区域经济发展的重要吸引物。从文化资源来看,河南省在漫长的历史发展过程中,积累了丰厚的文化积淀,已经形成特有的思想观念、民俗民风和传统工艺等区域性文化。这为文化创意产业的发展提供了优厚的资源条件,为将文化资源转化为创意产品和创意服务提供了基础。因而,河南省先天就拥有开发利用的潜在优势,创意产业在河南的形成和发展也就成为了可能。当一些先行者取得利益,就会形成良好的带动作用,会吸引本土或外地的其他企业加入其中,形成更大的规模效应。

（二）创意人才资源——支撑点

文化创意产业是一个知识、技术密集型产业，它高度依赖个人的创新能力，因此对知识技术人才的需求量更大，要求的档次也很高。如果没有大量高素质的创意人才，创意产业要得到发展是不可能的。简言之，一个地区有没有发展创意产业集群的潜力，主要看其人力资源状况。日本创意产业的成功正是依赖于该国大量的创意产业的从业者。因此，创意人才资源的地理分布直接决定了创意产业区位的选择。河南省高校数量较多，但高校层次普遍不高，创意人才的培养相比东部其他省份较为落后，且针对性、方向性不够明确，导致创意人才资源相对缺乏。

（三）市场需求——原动力

市场需求是文化创意产业发展的原动力，也是文化创意产业集群的强大支撑。河南省地处中国中部平原，特别是以省会郑州为中心的中原城市群，交通便利，为文化创意产品的输出提供便利条件。同时河南也是中国人口大省，随着经济发展水平的不断提高，人们对于文化创意产品的需求量也将进入快速增长期，这必将给河南的文化创意产业的发展注入源源不断的动力，从而就会促成创意产业集群的形成和壮大。

（四）政策制度环境——根本保障

一般来说，监管体系是否完善和市场秩序是否完好是创意产业区位选择的重要影响因素。一个公平、公正的竞争环境，有利于企业的集聚，这样的环境需要有稳定的政治制度与经济政策，政府工作的高透明度与高效率。政府所制定针对文化创意行业的优惠政策，对于该行业在这一地区的集聚和发展产生强大的吸引力。

河南省在中原经济区建设规划、河南省"十二五"发展纲要等文件中就明确提出了大力发展文化创意产业的规划,并制定了相应的优惠政策,以郑州、洛阳、开封为首的中原城市群都规划出了文化创意产业园,所有这些都表明了政府在推动文化创意产业发展方面所做的努力,这些努力也势必会大大提高河南省的文化创意产业的融资环境质量,从而吸引大批的创意企业。

此外,完善的知识产权法律保护是文化创意产业健康发展的重要保障。只有制定健全的知识产权保护制度,才能够提高创意人才的积极性进而促进创意成果的不断涌现。因此,政府应该制定严格的知识产权保护制度,严惩非法盗版、非法传播创意产品的行为。

第五章　文化产业创意人才的培养及管理

人才是文化创意产业发展的核心要素。如果没有创意人才,文化创意产业将无从谈起。因为创意主要由思想、知识、文化、技能和创造力所构成,而这些都只能由人的头脑来提供。毋庸置疑,要发展好文化创意产业,就必须关注创意人才,必须重视创意人才的培养与管理。本章就专门对文化产业的创意人才及其培养和管理进行相应的研究。

第一节　创意人才概述

一、创意人才的概念

在学术界,"创意人才"是后来才出现的术语。早在 20 世纪 60 年代,人们就已经开始研究创意人才了,只是称谓并不是这样。当时,国外学者探讨的"知识工作者"实际上就是创意人才,这类人主要从事知识、生产、创造和分配类的工作,如科学家、工程师、经理等。他们的创新意识非常强,且具备较高的知识和技术水平。后来,美国的保罗·福塞尔根据自己的格调论还提出了所谓的"X 阶层",这一阶层主要指的是那些从事艺术、写作等创意工作的人。他们有思想、有品位、有创造力,崇尚自由,热衷自己的工作,善于追求自我价值的实现。很显然,"X 阶层"就是如今所说的创意人才。进入 21 世纪以后,随着文化创意产业的大力发展,学者们对创意人才的研究也更为关注了。2002 年,文化经济学家弗罗里达在前人研究的基础上,创作了《创意阶层的崛起》一书。他在书中提出了"创意阶层"这一概念,认为这是一个在当代知识经济时代中新崛起的阶层,具体指运用创意增加经济价值的知识工作群体。此外,他还将创意阶层分为两部分:"超级创意核心"与"创新专家"。"超级创意核心"主要包括科学家、艺术家、工程师、设计师、建筑师、作家、教授、娱乐界人士、编辑、演员等一些思想引领者。"创新专家"则主要包括在金融业、高科技行业、法律、商业管理等知识密集型行业从业的人员。

在我国,学者们很少使用"创意阶层"一词,代替这一词汇的是"创意人才"或是"文化创意人才"。关于创意人才的具体概念,不同的学者往往有不同的理解。以下就是我国学术界几种比较典型的概念阐释。

向勇按照产业链条的不同环节将文化产业中的人才分为技术人才、创意人才、经营人才、营销人才、渠道经营人才、管理人才和研究人才七大类。其中,创意人才是指主要从事创作、设计工作的人才[1],文学创作者、服装设计师、工艺美术设计师、音乐家、编剧、导演、演员、短信写手和彩铃制作者等都属于这类人才。

李津认为,创意人才指的是以自主知识产权为核心、以"头脑"服务为特征、以专业或特殊技能为手段的精英人才[2]。

蒋三庚等人认为,创意人才是"拥有高水平知识和创新能力,能够运用自己的创作技能和手段,把特有的表达内容和信息转换为有形产品或无形服务的群体"[3]。

李元元等人认为,创意人才是通过专业技能,发挥创造能力来提供高附加值产品或服务的脑力劳动者。[4]

综上所述,本书将"创意人才"界定为,运用自身的知识经验、

---

[1] 向勇:《文化产业人力资源开发》,长沙:湖南文艺出版社,2006年,第27页。

[2] 李津:《创意产业人才素质要求与胜任力研究》,科学学与科学技术管理,2007年第8期。

[3] 蒋三庚,王晓红等:《创意经济概论》,北京:首都经贸大学出版社,2009年,第75页。

[4] 李元元,曾兴雯,王林雪:《基于创意人才需求偏好的激励模型研究》,科技进步与对策,2011年第12期。

技能手段、创造能力,在文化创意产业领域创造出新的内容、服务和价值的群体。这类群体主要从事文化创意产业领域中核心的创意开发、内容的创作和设计等工作。

二、创意人才的特征

关于创意人才的特征,不同的学者有不同的看法。以下就是一些比较典型的观点。

向勇通过分析文化创意人才资源认为创意人才应当具备以下几个方面的特征。

第一,具有丰富的知识结构,如艺术知识、市场知识、心理学知识、信息学知识等。创意人才只有兼容并蓄地储存、运用来自各个领域的丰富知识,才能有创新的基础。

第二,具有丰富的生活经验。丰富的生活经验是创意的源泉,创意人才只有将自己融入生活之中,才能获得贴近生活的灵感,产生更好的创意。

第三,具有灵活的思维方式。这是产生创意的一个关键。因此,创意人才要注意打开自己的思路,不拘泥、不刻板,使自己的思路与事物发展变化的实际相协调,并善于根据时间、地点、条件等变化,进行灵活的迁移。

第四,具有一些关键的能力,如创新能力、思维能力、研究能力和表达能力。

赵晶媛指出,创意人才必须具备文化的综合性、能力的复合性和思维的创新性。

第一,文化的综合性。这具体是说创意人才不仅要具备深厚的文化底蕴,还要不断更新文化知识,具备完整的文化体系。

第二,能力的复合性。这具体是指创意人才要适应文化产业中的角色多重性,因此其能力应当包含了经营、管理、策划等综合能力。

第三,思维的创新性。这具体是说创意人才应当保持较高的好奇心、求知欲、怀疑感和思维独立性。

此外,吴存东、吴琼提出,创意人才应当具备想象力、创新性、鲜明的个性和高流动性等特征。黄芳认为,文化创意人才应当具备创意能力、文化素养、专业技术保证、把握整体能力、合作精神和追求卓越的精神。

综上所述,创意人才首先应当具有鲜明个性特征,如具有丰富的想象力、良好的意志品质、创新思维能力等;其次应当具有较高的文化素养和综合素质;最后应当更注重自我价值的实现。除这些内在的特征外,创意人才还有一些外在的工作行为特征,如工作环境易变且不确定,工作流程有较大的随意性和主观性。

三、我国创意人才的现状

随着文化产业的大量兴起,文化创意产业从业人员的规模越来越大,从事创意工作的人也越来越多。然而,从目前来看,我国的创意人才状况还不容乐观,还存在不少问题。其中最为显著的问题有以下几个方面。

(一)创意人才的定位过高

在生活中,很多人提到创意人才就会想到"创作者""艺术家"。自文艺复兴以来,人们对艺术和创作都有一种普遍倾向,即艺术就是人类最高层次的创意,艺术家是具有神秘特质、具有天赋,或是具有非凡能力的一群特殊人。他们大多是文学家、音乐家、画家等。一提到他们,人们的脑海中就会浮现出一群具有艺术气质,常常独自一人废寝忘食地工作的人。他们中有些人在深夜笔耕不辍,有些人没日没夜地在画布上精心作画;有些人沉浸在音乐中,一有灵感,便立马拿笔记录脑海中出现的音符。事实上,随着文化创意产业的兴起,创意人才出现了不同的观点。由于文化创意产业生产的是满足人们精神需求的文化产品,因而创造这些产品的人都属于创意人才。这类人的具体岗位有很多。

当我们对创意人才有一个合理的定位时,就会发现艺术并不是最高形式的创意,不再高高在上,充满浪漫主义色彩,相应的,艺术家也不再具有非常神秘的色彩,他们与其他类型的劳动者并没有太大区别,只是他们的产品形式较为特殊而已。

（二）创意人才的数量短缺

在我国,虽然文化创意产业越来越受到人们的重视,但很多创意行业,尤其是动漫、游戏、广告产业、软件和计算机服务等,都出现了一个问题,那就是创意人才紧缺。例如,游戏产业中,在游戏的策划、剧本创作以及后期的宣传推广方面,可以胜任的人才就非常少。究其原因,这与创意人才的培养机构少有很大关系。创意人才的培养主要在高校内进行,而高校开设的课程很多时候与社会需求存在一定程度的脱节,加之培养周期短,因此,培养出来的学生难以适应相应的工作。

创意人才是文化创意产业发展的核心要素,创意人才的紧缺无疑会大大限制文化创意产业的发展。所以,这是一个不可忽视的问题。

（三）创意人才存在失衡状况

就当前阶段来看,国内的创意人才不仅总体紧缺,还呈现出了严重的地域失衡、年龄失衡和结构失衡现象。

从创意人才分布的地域上来看,国内大多数的创意人才都集中在北京、上海、广州等一线城市,集中在沿海和经济较发达的地区,而内地的二三线城市的创意人才极为缺乏。

从创意人才的年龄上来看,国内文化创意产业的从业人员普遍比较年轻,大多数从业者的年龄在 20 ~ 25 岁之间,从业者的经验都不是很丰富,大多只有 2 年左右的从业经验,只有少部分的从业者有 3 ~ 8 年的从业经验,而具有 8 年以上从业经验的更为稀少。

从创意人才的岗位结构上来看,国内文化创意产业的从业人员大多集中在设计类、策划类和编辑类,其他方面的人才较少。这就难以满足企业多方面的人才需要。

（四）创意人才的创新能力较低

从当前国内的文化创意产品来看，创意人才的创新能力是比较低的。很多文化创意企业都抱怨员工缺乏创新能力，尤其是广告、设计、艺术及游戏行业，对创新的要求很高，而现实却很不理想，有许多创意难以拿出手，有许多创意则又来源于国外，很难找到真正属于自己的优秀而又独特的创意。很显然，如何提高创意人才的创新能力是一个关键问题。

第二节 创意人才的培养机制

创意人才是文化创意产业发展至关重要的决定性因素。纽约文化创意产业之所以获得了迅速的发展，主要就是因为其有强有力的文化创意人才的支撑。那么，培养既懂艺术又懂经济和经营运作的高文化素质人才就成了关键。

文化创意产业本身的特性对文化创意产业的从业人员提出了很高的要求。然而，目前我国市场上合格的创意人才却极为缺少，尤其是组织策划者和创意成果的经营者。创意人才的稀缺会在很大程度上导致文化创意产品的推广、衍生产业的发展、品牌的建立、价值的挖掘等方面无法达到较高水平，进而影响文化创意产业的发展。为了解决创意人才的供求失衡问题，我国很多高校开始设置相关的专业，如设动漫专业。但这又存在着新的问题，就是这些新设置的专业主要侧重的是培养技术人才，而非创意型人才和营销型人才的培养。所以，我国急需构建起一个完善的创意人才培养机制，培养更多符合社会需要的人才。

一、创意人才培养的内容

为促进文化创意产业的发展，应着重培养两大类人才，一类是通晓创意产业内容的管理者，一类是具有想象力的创作者。文化创意产业作为一种新兴的产业门类,具有交叉性、边缘性等特征,其人才不仅仅要具有灵感和创意,还要具备经营管理的才能,能够成功地将种种灵感和创意形成的产品推向市场。因此,优秀的文化创意人才应该是具有较高的文化素质、丰富的创新力又懂得市场运作的综合型人才。

文化创意产业在横向上可以分为各种不同的行业门类,在纵向上又可以拆分为不同的市场运行环节。因此,根据具体的产业和特定的环节,创意人才的培养内容应包括以下几个方面。

（一）创意策划人才的培养

创意策划是文化创意产业的起点,一个好的策划,能够对文化创意产业的发展起到良好的引导作用。创意策划对策划人员有着较高的要求,需要其具备深厚的文化素养、活跃的思维以及开阔的视野。在文化创意产业的相关部门中,策划运营是其核心环节,主要包括市场调研、创意概念、设计师选定、产品设计、市场营销、售后服务等。此外,策划人才还需要具备广博的知识、市场判断力、敏锐的洞察力等,以适应不断变化的文化环境和市场需求。

（二）创意实施人才的培养

创意实施主要侧重于实践操作。因此,创意实施人才要具备较强的实践操作能力,能够较快地掌握实现创意方案所需的各项技能。一方面要快速地理解创意方案的要领,另一方面要对实现创意方案所需的材料、技艺等有一个全面的认识。同时,对于创意实施人才而言,应根据创意方案的创新性,不断提高实施技术和技能。此外,还应注重培养创意实施人才理性的思维、严谨的工作态度,认真务实的工作作风等。

（三）创意管理人才的培养

创意管理建立在创意设计、创意策划、创意实施以及市场运营等基础上,对从创意到市场的整体运作过程进行科学的管理。具体而言,创意管理主要针对的是创意设计和实施过程、创意策划以及市场营销过程中出现的各种不和谐的因素。文化创意产业在发展过程中难免会产生复杂的利益关系,如产品与经销商、经销商与消费者之间的矛盾等,都需要及时得到化解,这些都是创意管理的工作范围。因此,创意管理人才应具备良好的人际关系协调能力、心理沟通能力等非智力因素。

（四）创意产品经营人才的培养

文化创意产品想要在市场上获得成功,必须充分运用各种营销策略,吸引消费者的眼球,刺激其进行消费。文化创意产品具有其自身的独特性,这些特征对于市场推广和营销的过程有着重要的影响。因此,文化创意产业应注重文化创意产品经营人才的培养。就目前的发展情况而言,文化创意产业经营人才的缺乏是造成我国对外文化贸易出现巨额逆差的重要原因。对于文化创意产业经营人才的培养,应注重横向与纵向的结合。所谓"横向",主要是指不同行业门类知识的培养,而"纵向"则主要是对从策划到市场不同运营环节相关知识的培养。只有将两者结合起来,才能真正培养出复合型的文化创意产业经营人才。

需要注意的是,在大力培养文化创意产业人才的同时,应积极为创意人才创造良好、宽松的氛围,只有这样,才能促进文化创意主体迸发出创意的火花。我国文化创意产业学科建设起步较晚,仍有很长的路要走,但是我们坚信,通过不断地探索和努力拼搏,一定会在文化创意产业的学科发展和人才培养方面取得突出的成就。

二、构建创意人才的培养机制

创意人才的培养是一个复杂的、系统性的工程,高校单方面是很难完成的,只有政府、高校、社会培训机构多方配合起来,才有可能培养出较多的真正合格的创意人才。对于政府来说,应当在政策和资金上大力支持教育基础设施的建设、教育机制的建立，以及全民文化素质的提高等。高校和社会培训机构则应当在政府的支持下，采取各种措施进行创意人才的培养工作。在这里，我们认为构建创意人才的培养机制应当着重注意以下两个大的方面：一是改革高校教育模式；二是建立全方位的职业培训体系。

（一）改革高校教育模式

要培养具有专业知识和创意能力的复合型人才，首先应当在教育领域内下功夫。在各类教育机构中，高校是创意经济的知识中心，培养具有创意能力的合格人才是高校教育的一个主要目标。因此，高等教育是创意人才培养的主渠道。针对创意人才现存的一些问题，高校通过实施高等教育来培养创意人才首先应当对自身的教育模式进行革新，使其适应创意人才的培养实践。具体而言，高校应当从以下几个方面进行努力。

1. 改革人才培养目标

创意人才一般需要具备 T 型的知识结构（在横向方面有广博的知识面，在纵向方面有较深的专门学问）和复合型的能力结构。因此，高校在学科建设中就要重新定位人才培养目标，不能将目标只锁定在适应竞争的复合型"通才"的培养上，还应当注重培养具有创新意识和文化精品意识的创新型人才。

2. 改革教育体制

在当今时代，文化创意企业需要创意人才，但需要的是离开学校后能够尽快进入角色，承担其应当承担的责任，做好自己应该做的工作的创意人才。这种创意人才不仅具有专业知识和创造能力，同时还具备良好的心理素质、团队精神和人际协调能力。因此，面对这种情况，高校要改革自身传统的教育体制：加大设计艺术专业课程的比例；创意人才的培养与企业和社会对创意者的具体要求充分结合起来；调整学科建设的指导思想；重新定位教学；制定专项计划；加强高校与高校之间的交流；优化壮大师资队伍等。如此来形成一个培养应用型、创新型人才的科学教育体制。

在创意人才培养的教育体制改革方面，可借鉴创意专业教育方面实力雄厚的英国的做法。英国院校开设的 35 000 个学位课程中，艺术设计类课程占了很大比例，而且层次多样，分为职业课程、本科课程和研究生课程。其中，职业课程学制一般 1 ～ 2 年，本科学制一般 3 ～ 4 年。

3. 革新教育方法

学生本是思维活跃、充满激情、有丰富想象力和创造力的一个群体，但长期的传统教育方法使学生的这些特征受到了很大压抑。因此，在高校中，要培养创意人才，就应当注重革新教育方法。尤其是课堂教育要采取灵活的教学方式，要将知识熏陶和能力培养结合起来，将课堂教学和社会实践结合起来，加强产学合作，通过多种教育方式提高人才的综合素质和创意能力。法国的创意教育教学就非常突出。法国学校在艺术专业的教育方面通常采取非常自由甚至松散的教学方式。学生通常不是在固定的教室上课，而是在一个个的大工作间寻找自己喜欢的艺术。例如，音乐教学普遍追求热情奔放的性格，讲求音乐的实际效果，鼓励大胆的创新和个性化，强调练习，并注重给学生提供登台演出的机会。学校每年都会主办大量的音乐会。为了让学生不仅懂艺术，还懂财务管理、掌握多种技能，学校还会开设管理、会计课程，安排各种丰富多彩的课程。

4. 注重提升学生价值

为了培养适应新时代文化创意产业发展的人才，高校还应注重提升学生价值。这就需要高校在构建新的教学体系之前，先全新地理解高校教育的目标。高校教育不仅要增进学生知识与技能，提高学生的素质，而且要全面了解学生的需要和兴趣，全面提升学生价值。

学生价值主要由多方面的要素来体现,如知识、技能、理念、情感、协作能力、创造能力、批判性思考能力、运用信息科技的能力、解决问题的能力、自我管理的能力等。教师在教育教学过程中就应当充分关注这些方面。

（二）建立全方位的职业培训体系

创意人才的培养仅有学校教育是不够的,还要有系统的、实战性的职业培训。这两者结合才能培养出社会真正需要的人才。所以,高校、政府劳动主管部门和相关企业要相互协作,共同建立全方位的职业培训体系,从而更新创意人才的知识结构,提高其创意能力。

1. 企业培养和高校培养相结合

企业自主培养是近几年最为普遍的一种方式。其主要采用"短、平、快"的方式对新入职的员工进行专门培训和专业训练。它能够在短时间内满足企业自身的需求,能够紧跟市场发展的要求。但是,这种培养方式缺乏专业性和系统性,缺少战略眼光,往往只侧重技术层面的快速训练,现学现用,不大可能对创意人才进行有目的、有计划、有针对性的系统培养。

高校培养虽然在实践方面与企业培养有较大差距,但其优势也是非常明显的。高校所教授的专业理论知识全面系统,有一定的文化和技术深度。高校能够针对创意人才的特征制定出一系列系统的培养计划。

创意人才的培养应该以社会需求为导向,一方面注重突出专业理论的系统学习,另一方面也注重强化实践动手能力。因此,培养创意人才不能单纯依靠某一培养方式,而要将企业培养与高校培养充分结合起来,构建起多层次、系统而又规范的培养体系。

2. 探索灵活多样、富有创意的培训方法

对创意人才进行培训时,一定要注意方式方法。因为方式对了才更容易激发受训者的创意,培养他们的创新能力。这就需要培训者注意不要总是采取单一的说教方式,而是尝试多种富有创意的培训方法。所谓富有创意的培训方法,通常就是说具有强大的启发功能,能启发创意思维,开发创意潜能的培训方法,如案例分析、研讨、经验交流等。

3.树立终身学习的理念

一个人创意才能的养成,不仅需要渊博的文化知识、强烈的创新意识、扎实的专业能力,而且还需要较高的社会洞察力、市场把握力、人际沟通力。而所有这些不是一朝一夕就能获得的,需要长期的学习。已成为创意人才的人为了保证不断产生新的创意,也要始终处于学习状态,不可松懈。因此,创意人才必须树立终身学习的理念。

第三节　创意人才的管理

创意人才群体是具有自主性、个体性和多样性以及较强创新精神和团队协作精神的群体。他们主要通过自己的创意、分析、判断、综合、设计给产品带来附加值,因而其工作方式与产业工人和管理部门的行政人员相比有着鲜明的特点。首先,他们的工作智力含量高,但管理职位低;其次,他们的工作业绩难以衡量,因为主要是通过脑力劳动实现的,工作难度大,失败风险大,付出辛苦多,创意产品的价值很难在短期内体现,有时甚至看不到结果;最后,他们的工作时间没有办法估算,很多时候根本没有休息娱乐时间。鉴于上述特点,为了充分发挥创意人才的作用,使他们的创意活动增加企业的核心竞争力,就必须建立有效的管理机制。有效管理机制的建立一般应着重注意以下几个方面。

一、树立新的企业管理理念

在文化创意产业中,人才是核心要素。创意人才有着鲜明而独特的个人特质、心理需求和行为方式,因此企业管理者要树立起新的管理理念,采用适用于他们的管理方式。

企业管理者新的企业管理理念表现在多个方面,以下就是三个很重要的方面。

第一,在甄选创意人才时,不会只注重其学历和资历,而更多的是考察其是否具备创意能力。

第二,充分尊重创意人才的个性,宽容他们的失败,鼓励他们接受挑战性任务。

第三,在分配任务时,充分授权,使创意人才不仅拥有创意的话语权,而且还可以自主选择自己喜欢的工作方式。

二、营造良好的企业文化氛围

对于很多创意人才来说,工作就是生活,自由畅快的环境与和谐的企业文化就是他们灵感的来源,没有良好的企业文化氛围,也就难以产生好的创意。因此,企业必须注意营造宽松自主、平等沟通的企业文化氛围。

(一)营造宽松适宜的微观环境

创意活动的开展、创意才能的发挥需要人性化、生态化的办公环境和平等自由、团结协作的工作氛围。因此,创意企业不仅要为创意人才配备良好的工作硬件和生活环境设施,使创意人才在有限的环境中为企业提供无限的创意,而且要营造团结协作的工作氛围。这就需要企业管理者或项目负责人发挥很好的引导作用,引导创意人才将工作的积极性和创造力凝聚到创意工作当中。

(二)营造宽松的组织环境

创意工作属于一种探索性工作,最大的特点就是要标新立异,因此失败是在所难免的。因此,企业管理者要能够包容创意人才的失败,不给他们带来心理上的压力;要及时关注和认可创意人才的成绩,使他们不断突破自己,获得更大的成功。

（三）实行弹性工作制

由于创意人才的灵感到来的时间往往是无法确定的,因此,为了帮助他们创意灵感的产生,应当实行弹性工作制,让他们自由地选择工作时间和工作地点。

（四）构建平等畅通的交流平台

不同创意者、不同工作人员有着不同的文化背景和思维方式,如果他们之间多进行沟通和交流,则很容易形成头脑风暴,激发更多的创造性思维。因此,企业管理者应经常组织各种形式的活动,促进企业上下级之间、同事之间的交流和互动,形成平等畅通的交流平台,营造良好的工作环境。

三、建立完善的激励机制

完善的激励机制能够激发创意人才的工作热情和创意的动力,从而为企业创造更大的价值。因此,企业必须建立起物质激励和精神激励相结合的激励体系。

（一）物质激励

第一,给予丰厚的薪酬。丰厚的薪酬是对创意人才最好的物质激励。它不仅能够体现企业对创意人才能力的认可,同时也能够促使创意人才更专注于创造。需要注意的是,企业应将薪酬和绩效有效结合起来。

第二,根据创意者的工作表现、成果产出和企业业绩给予一定的奖金。

第三,配备良好的工作硬件和生活环境设施。这也是一种物质激励,它有助于创意人才更好地开展创意活动。

第四,通过技术入股等形式激励创意人才。企业可以让创意人才在入职之初进行技术入股,然后根据职务、绩效等标准发放一定数额的股票或期权。微软是第一家用股票期权来奖励普通员工的企业。微软公司员工的主要经济来源并非薪水,而是股票升值带来的收益补偿。这种将员工的收益与企业的收益紧密联系起来的方式,能够大大激励员工的工作热情。

第五,提供定期的带薪休假、培训、技术研讨等机会。这种物质激励能够使创意人才的知识技能处在不断的提高更新的过程中,使其始终保持较高的创新能力。

(二)精神激励

创意人才是"以高层次内在需求为工作需求导向的群体"[1],他们更渴望挑战常规,更渴望实现自我价值。因此,创意企业要更加注重对员工进行精神激励。这可以从以下几个方面努力。

第一,定期规划新的项目,使创意人才有更多的机会充分发挥自己的能力,充分展现自己渴望挑战和自我价值实现的个性。

第二,建立知识产业的保护机制。对创意人才的劳动成果进行保护,对创意人才的创新和发明进行保护,能够使创意人才感受到莫大的肯定,进而会更加努力。

第三,关注创意人才自身价值的实现,为其创造更好的事业平台。创意人才非常重视自身价值的实现,因此,企业应时刻注意了解创意人才的需求,发掘他们的潜力,为他们规划职业生涯等。

---

① 蒋三庚,张杰,王晓红:《文化创意产业集群研究》,北京:首都经济贸易大学出版社,2010年,第144页。

第六章　我国文化创意产业的发展状况分析

实践证明,大力发展文化创意产业对促进经济可持续发展,增加就业,转变经济增长方式,加快服务业发展,均具有重要战略意义。进入 21 世纪以来,我国高度重视与扶植文化创意产业的发展,文化创意产业日益繁荣。为了更好地发展我国的文化创意产业,本章将对我国文化创意产业的发展状况进行分析。

第一节　我国文化创意产业的发展概况

当前,我国文化创意产业取得了快速发展,要深刻认识我国文化创意产业的发展进程,理解我国文化创意产业的状况,就要首先了解我国文化创意产业发展的现状、特点以及存在的问题。

一、文化创意产业发展的现状

我国文化创意产业发展迅猛,并且已经形成了若干具有国际竞争力的文化创意产业集聚地,也出现了一些具有世界影响力的产品与企业,有力地促进了我国经济增长,提高了就业率。具体而言,我国文化创意产业的发展主要表现在以下几方面。

（一）文化创意产业规模

我国文化创意产业增加值逐年大幅度攀升,许多省、直辖市文化创意产业已经成为区域经济的战略性支柱产业,同时也成为地方经济的一个新增长点。河南电视台依托丰厚的戏剧、武术、文物文化资源,打造的原创品牌栏目《梨园春》《武林风》《华豫之门》,赢得了巨大的经济效益,促进了河南戏曲和武术的发展与繁荣,带动武术教育等相关产业快速发展,提高了河南卫视的核心竞争力。近年来,我国文化创意产业平均增长速度高达17%以上,远远高于传统产业以及电子信息等朝阳产业的发展速度。2012年,我国文化产业总产值已突破4万亿元,全国各地已有550多个文化创意产业园区,文化产业在我国GDP中所占比重也在逐步提升,这将促进我国社会经济的不断发展。

如上所述,我国文化创意产业已经具备了一定的规模,但我们还必须要认识到我国文化创意产业发展中存在的一些差距。这种差距具体体现为以下几个方面:首先,我国基于中原传统文化的知名文化品牌不多,资源优势没有得到充分转化。比如,濮阳东北庄的杂技、温县的太极拳、开封朱仙镇的木版年画、开封的汴绣、汝州的汝瓷等都是极具经济价值的文化资源,但目前来看,这些文化资源挖掘深度不够,开发水平不高,文化资源优势还没有充分转化为发展优势。其次,现有文化资源优势未能与数字技术有效结合,实现生产方式和业态的创新。科技是文化创意产业发展的推动力,文化创意产业是依托现代高新科技的新的传播方式,通过创意文化和信息技术的结合,可以有效激发文化企业的市场活力和盈利能力。在当前阶段下,如何将传统优势资源进行二次创新与开发,为传统文化找到新的生长点依然是我国文化创意产业发展的核心所在。

（二）文化创意产业空间分布

从地域分布角度看,我国文化创意产业呈现出明显的三级梯队结构。我国幅员辽阔,各地区发展不平衡,城乡间经济、社会、文化等方面的发展存在着巨大的差异,这在客观上为文化创意产业的发展提供了多种选择和多种发展模式,我国的文化创意产业已形成了东部、中部和西部三级阶梯。北京、上海、广州等东部中心城市是第一梯队；武汉、郑州、长沙、成都、重庆等城市是第二梯队；而以云南、贵州为代表的西部省区则形成了第三梯队。这三个梯队构成了"创意合作体系"，形成了文化创意产业地区、城市间的分工、衔接，在此基础上，我国正逐步形成基于文化创意产业链条的互动与配合。

在以上划分的基础上，各个省、直辖市、自治区内部又形成了独具特色的文化创意产业地区分工。通常情况下，省会城市是本省（自治区）的文化创意产业中心城市，而有些具有文化基础深厚、创意力量强大的非省会城市也在文化创意产业方面取得了非凡的成就与影响力，如山东的青岛。有些具有特殊文化、历史、地理资源的地级市、县级市、村镇，也成为某一领域文化创意产业的积聚地，在全国乃至世界产生了良好的经济、社会、文化效应。例如，以少数民族文化著称的丽江市。

（三）文化创意产业内部结构

2012年，从文化产业整体市场规模上来看，旅游产业占46%，教育培训产业占17%，这两个相对传统的产业的总和占60%以上。与此同时，新兴的游戏、网络等互动类产业在整个市场中所占比重较小，总和仅为9%。[1]

从文化创意产业的内部结构可以看出，目前在国际上处于文化创意产业顶端的行业，在我国尚不强大。我国只是文化创意产业大国（甚至规模也不算大），但不是强国。不过，我国也应该看到这些新兴行业已经进入发展的快车道。2011年我国移动互联网市场规模达到393亿元，同比增长了97.5%；我国电子商务市场整体规模达到7万亿元，同比增长了46.6%；我国在线视频市场规模达到62.7亿元，同比增长了99.9%[2]。依托于智能终端的文化创意产业新兴行业正在迅速崛起。互联网加速跨界融合，正

---

[1]　北京大学文化产业研究院：《中国文化产业年度发展报告（2013）》。
[2]　叶郎：《中国文化产业年度发展报告》，北京：北京大学出版社，2012年，第19～20页。

在进一步催生更多新的服务行业和业态。位置服务、智能家居、移动医疗等已经或将要成为 21 世纪中国文化创意产业的新兴行业。

（四）就业情况

文化创意产业的发展在很大程度上促进了就业的增长和税收的增加。2004 年我国文化及相关产业从业人员共有 996 万人，到 2008 年这一数字已变为 1 200 万人。文化创意产业也极大地促进了税收的增长，仅 2005 年我国文化产业贡献的利税就已达 500 多亿元（1998 年为 7.9 亿元）[①]。预计到 2020 年，我国文化产业贡献的利税过千亿元。

（五）出口情况

近些年，我国文化创意产品贸易状况得到了很大的改善，文化创意产品额不断增长。据联合国五大机构发布的《2010 创意经济报告》数据显示，2010 年我国的创意产品和服务出口额占全球市场 20.8%，继续保持全球创意产品的第一生产国和出口国的地位。另外，我国核心文化产品出口的增长率也远远高于美、英等国，逐步改善了版权贸易逆差的状况。在 2012 年法兰克福书展上，我国代表团版权输出数量达 2 409 项。在 2015 年法兰克福书展上，我国外文局输出版权 452 种。

在第 20 届北京国际图书博览会上，我国各类版权输出与合作出版协议达成 2 091 项，比 2012 年同期增长 12%，引进与输出之比为 1∶1.33。中文图书版权输出成果进一步扩大，对世界的影响力逐渐增强，这预示了我国文化贸易发展的巨大空间。

二、文化创意产业发展的特点

当前，我国文化创意产业呈现出迅猛发展的态势，主要表现

---

① http://roll.sohu.com/20101124/n307633502.shtml.

为以下几方面特点。

（一）产业成长性强，发展潜力大

与世界发达国家和地区的文化创意产业发展相比,我国文化创意产业起步较晚,但发展迅速,在经济结构中占据越来越重要的地位和作用。东部中心城市的文化创意产业的发展速度远远超过了 GDP 的增长速度,如 2007 年北京市文化创意产业资产总额达到 7 260.8 亿元,同比增长 17.9%,而同期北京市 GDP 的增速为 12.3%。2012 年北京市文化创意产业增加值达到 2 205.2 亿元,占地区生产总值 12.3%,成为第三产业中仅次于金融业、批发和零售业的第三大支柱产业。[①] 相关研究表明,在未来 15 年里我国文化创意产业规模总量将保持年均 14.6% 的增长速度,预计 2020 年我国文化产业增加值达到 3 万亿元左右,约是 2006 年的 6 倍。这些数据表明,文化创意产业将在推动我国经济发展与城市经济转型方面发挥重要作用。

（二）产业目标和路径选择体现城市特质

我国各地区、城市因地制宜,具体问题具体分析,提出了发展文化创意产业的目标,并建立了各种文化创意产业的基地和园区,为文化创意产业的发展创造了良好的条件。北京发展文化创意产业的战略目标是打造我国"文化创意产业之都",且已经把这一产业列为本市社会经济发展的支柱产业;上海发展文化创意产业的战略目标是成为"国际文化创意产业中心",和伦敦、纽约、东京齐头并进,在发展路径上,使有形的高科技发展和无形的人才创意力量发挥相结合,形成设计类文化创意产业与历史建筑改造相结合的发展模式;深圳发展文化创意产业的战略目标是打造"创意设计之都";南京市发展文化创意产业的战略目标是"保护南京历史文化名城的独特风貌,传承六朝古都的历史文脉",

---

① http://news.xinhuanet.com/info/2014-04-22/c_133281085.html.

"使每一个人的创意都受到鼓励,使每一个好的创意都有市场化和产业化的机会,使每一个创业者都得到有力的制度保护和良好的政策扶持","着眼于培育创意、创新、创业的制度环境、法律保障和文化氛围"[①];长沙市发展文化创意产业的战略目标是打造"我国最大的原创动漫之都"。

(三)产业内容体现本土化、差异化

在发展文化创意产业的过程中,我国各地区、城市十分注意对本地的文化遗产和资源进行挖掘、整合、创新以及整体提升,同时注重将地方特色融入创意中,逐步形成了独特的发展思路和行业特色。例如,长沙充分利用其丰富多样的文化资源,打造出了具有全国乃至世界影响力的影视、出版和动漫产业。《超级女生》《快乐男声》《花儿与少年》《真正男子汉》的制作、偶像剧《泡沫之夏》及其衍生产品的火热销售等,均彰显了长沙的城市文化个性魅力。

(四)产业关联度大,渗透力、辐射力强

我国文化创意产业的快速发展,不仅极大地促进了社会主义市场经济的发展,而且也在很大程度上推动了社会结构和消费方式的转型,为社会提供了大量就业机会。例如,统计显示,2012 年上海文化创意产业总产值 7 695.36 亿元,平均从业人员达 129.16 万人。湖南省省统计局匡算,2012 年全省文化和创意产业总产出约 2 730 亿元,占 GDP 的比重约 5.2%,加强了湖南经济中文化产业的支柱地位。而其省会城市长沙,有 2 994 家网吧、歌厅、酒吧等文化娱乐场所,从业人员 4.8 万余人,年产值达 125 亿元。有关研究根据全国就业总量和结构的变化趋势,测算出我国文化创意产业 2020 年的就业总量为 4 600 万人,分别占

---

① 王三银:《南京文化创意产业发展模式研究》,南京航空航天大学硕士论文,2009 年。

同期国民经济就业总量的 3.6% 和 5.3%,占第三产业比重分别为 8.7% 和 11.4%,占城镇就业人员比重分别为 7.8% 和 10.4%,到 2020 年文化创意产业将成为我国国民经济中吸纳就业的主渠道之一[①]。

（五）产业空间布局轮廓日益清晰

中国的文化创意产业空间集聚化发展趋势明显,并通过自下而上式或自上而下式发展形成各个特色鲜明的文化创意产业基地、园区或集聚区。目前全国已初步形成六大文化创意产业区域:以北京为核心的首都文化创意产业区;以上海为龙头,包括杭州、苏州、南京的长三角文化创意产业区;以广州、深圳为代表的珠三角文化创意产业区;以昆明、丽江和三亚为代表的滇海文化创意产业区;以重庆、成都、西安为代表的川陕文化创意产业区;以武汉、长沙为代表的中部文化创意产业区[②]。

从我国文化创意产业的发展现状和特点可以看出,北京、上海等大城市的文化创意产业在 GDP 中所占的比例和增加值都在逐年快速增长,文化创意产业企业和从业人数每年不断增多,社会资本不断涌入文化创意产业市场中。这意味着我国文化创意产业市场仍然有比较大的可进入空间,整个市场竞争尚不特别激烈,文化创意产业所面临的创新压力比较小。

三、文化创意产业发展中存在的问题

目前,我国的文化创意产业正在迅速崛起。但与国外尤其是与发达国家相比,还处于发展初期,在很多方面存在着十分明显的差距,同时还面临着诸多亟待解决的重大问题。

---

① 赵英,向晓梅,李娟:《文化创意产业现状与发展前景》,广州:广东经济出版社,2015 年,第 99 页。
② 黄晓江:《中国已初步形成六大创意产业集群》,民营经济报,2007-12-29。

（一）文化创意产业发展尚不规范

我国文化创意产业的各个行业普遍存在着发展尚不规范的问题,主要体现在以下几方面:第一,缺乏行业自律,采取不健康的竞争手段;第二,缺乏对水平、质量竞争的重视,而过度注重价格的血拼;第三,缺乏公平竞争的市场规范和社会秩序;第四,过分追求经济效益,而忽略企业的社会责任;第五,缺乏对知识产权的保护与尊重。我国应该看到这些不规范问题的存在,与文化创意产业发展变化较快,新的业态和新的商业模式层出不穷有着十分密切的关联。文化创意产业的迅速发展,使政府监管和政策法规制定常常处于滞后状态。随着文化创意市场的逐步成熟,政策法规、管理体制、竞争规则逐步趋于完善和稳定,才能形成公平、公正的市场秩序和行业规范。在政府对文化创意产业进行监管时,要引导企业追求可持续的发展,实现社会效益、经济效益、文化效益的统一。当然,企业也要加强自律,杜绝不正当竞争,遵守行业规范。

（二）知识产权保护力度不足

知识产权是文化创意产业的核心,保护知识产权是文化创意产业得以发展的必要前提。这种保护一方面维护了文化创意产业发展的市场秩序,保证了创意者、创意企业的应得利益;另一方面维护了国家在对外文化贸易中的信用与形象,保证了对外文化贸易的国家利益。目前,我国知识产权保护的相关法律法规正在不断完善之中,但还普遍存在一些对我国文化创意产业发展极为不利的问题,如盗版猖獗、模仿抄袭等。为此,我们应该正视知识产权方面存在的法律法规盲点,使得知识产权的保护有法可依,有效进行。

2013 年 7 月至 12 月,我国专利保护协会、中华商标协会、我国版权协会等 4 家机构,在全国大部分地区进行了专利、商标、版权三种专业性问卷调查。调查数据显示：2013 年我国知识产权保护社会满意度得分为 64.96 分，与去年相比有所提高，但仅处于及格水平。[①]

（三）城市间产业规划和园区建设存在严重的同质化倾向

由于缺乏指导和规划，不少城市在进行文化创意产业的规划和园区建设时，不顾本地实际，盲目跟风，一味追求经济效益，以至出现了一批功能雷同或相近的文化创意产业园，有些地方政府表面上是在建立"文化创意产业园"，而实际上是在搞变相的房地产项目。

中央政府应当加强对地方设立"文化创意产业园"的监督，地方政府更要注重对本地区文化创意产业的指导和定位。通常情况下，应当是充分发挥当地深厚的历史、文化资源，设立"特色文化创意产业园"。

（四）文化创意产业发展的政府管理模式不够健全

文化创意产业的发展离不开人们主观能动力与创造力的充分发挥。目前，我国政府对文化创意产业的管理仍然沿用了传统的政府管理模式，因而存在着诸多问题，比如政府过多干预文化创意产业市场的发展，管理过细等。文化创意产业发展有赖于政府管理模式方式的创新、改革。诚如文化部部长蔡武所言："行政权力对艺术的发展不要过多干预，才能促使文艺大师的涌现。""杰出人才涌现很重要的一条，是行政权力对艺术的发展不要过多干预。政府的评奖要压缩到最低限度。同时要积极推动国家文化繁荣制度尽快出台，标准定好了，观念转变了，文化艺术的大师就在眼前。"[②]

---

① 李松：《知识产权保护的民声共识》，瞭望，2014 年第 17 期。
② 张然：《蔡武：要第一时间回应社会关切》，京华日报，2014-3-24。

（五）产业融资存在一定的困难

我国文化创意产业的发展处于起步阶段,企业规模普遍偏小,而一个创意项目回报周期较长,价值无法进行准确评估,投资风险较大,融资较困难已成为制约文化创意产业快速发展的难点。这需要政府与中介机构制定一些有利于拓展文化创意产业融资渠道的政策。

中国政府虽然为文化创意产业的发展提供了一定的资金支持,比如建立了扶植文化创意产业发展的基金,但是金融扶植手段比较单一。这方面可以借鉴韩国政府的做法。韩国政府设立了针对文化创意产业某些重点行业的多种专项基金,如信息化促进基金、电影振兴基金、出版基金等,支持这些行业的发展。今后我国也应当针对文化创意产业某些专业领域设立专业的基金。

（六）创新能力不足

创新能力不足是我国文化创意产业在发展过程中所遇到的突出问题。这种不足主要体现在文化创意产业核心部分——内容的生产与创作。例如,我国的互联网服务业只是将外国运作方式本土化,互联网上提供的服务内容缺乏创新,并且总是发生各种侵犯知识产权的事情。我国的动漫产业一直没有创造出能够被全世界接受与喜爱的世界形象;我国的新闻出版业国际化程度较差,电子化进程也较慢;我国的电视台热衷于引进、拷贝外国电视台的节目、电视模式,等等。

创新能力不足还表现在我国文化创意产业中缺乏能够融会、沟通中外文化的人才,以及能够对国际潮流产生影响力的大师级领军人物,不能成功地吸取国际化元素,创造出国际化程度较高的产品。

（七）创造性人才匮乏

我国的文化创意产业领域缺乏既懂文化创意产业,又懂现代互联网技术、电子技术以及生产经营管理的创造性人才。

我国具有大量丰富多彩的文化资源,很多文化产品也有一定的艺术水准,但是由于缺乏创造性人才,不能对文化产品进行深入挖掘,致使市场运作和推广严重缺乏,难以充分延伸文化创意产业与产品的链条,在很大程度上限制了文化创意作品市场价值的最大化。

（八）文化创意产业链发展不均衡

与世界发达国家相比,我国文化创意产业总体发展较为落后,主要表现在文化创意企业规模较小、核心竞争力较弱、原创能力不足、经营模式不够完善。国外的成功经验表明:优秀的创意产品高度依赖完整而强大的产业链来创造市场价值。鉴于此,我国政府应当引导文化创意产业建立完整的产业链,完善和提高产业链条的核心环节,同时还要进一步挖掘产业的深层次价值。

第二节　我国文化创意产业的发展趋势

随着社会主义市场经济的发展和产业结构的升级换代,我国文化创意产业将发挥越来越重要的作用。未来的我国文化创意产业不仅能够极大地推动我国经济快速发展,而且能够为我国国家软实力的提升、中华文化国际影响力的增强,做出日益重要的贡献。在这种情况下,分析我国文化创意产业的发展趋势,已经成为一项重要任务。所谓趋势,就是指对事物发展客观规律的反映。考察一个产业的发展趋势要从产业生命周期、产业属性两个方面把握。就产业发展周期而言,我国文化创意产业目前仍处于成长阶段;就产业属性而言,它又具有较大的需求收入弹性、较强的关联度和高创新率,属于"三高"产业,有较大的上升空间和发展潜力,能够成为国民经济的支柱产业。基于这两点判断,"在未来 10 年,中国文化创意产业发展的总趋势将会是:由小到大,由弱到强,由不成熟到成熟,以较快速度向前发展,成为国民经济的支柱产业,形成一批具有国际性和区域性影响的民族文化品牌,在国际上具有较强的竞争力"①。在这一总趋势支配下,未来中国文化创意产业发展将呈现出科技创新趋势与竞争趋势。

一、科技创新趋势

中国文化创意产业之所以能够成为国民经济的重要增长点,关键在于应用了高科技。文化创意产品正是依赖电脑、软件、数字通信技术等,才使得创意人的奇思妙想成为可能,才极大地提高了文化创意产品的吸引力与文化要素的附加值,才促使文化创意产品市场化,获得巨大的经济效益。科技创新改变了文化创意产业的生产流程、营销方式、消费方式,丰富了文化创意产品的形态和艺术表达方式,拓展了文化创意产业的发展路径与业态。也就是说,科技创新是推动文化创意产业发展的内在动力。

（一）数字技术将成为我国文化创意产业发展的关键

未来,文化创意产业的数字化进程,将成为提升我国文化创意产业综合竞争力与我国综合竞争力的主要手段。数字电视、电子出版、视频点播、数码电影、数字娱乐等新的文化创意产业群将形成主流,从而彻底改变我国传统创意产业比重过大的问题。关于各类"数字标准"的竞争,已经成为近些年我国数字创意产业最具战略意义的竞争。我国电子信息产业的竞争将转移到"数字标准"上,从而对文化创意产业造成巨大影响。

目前,移动互联网对文化创意产业已经产生了深远影响。截止到 2015 年 10 月底,我国移动互联网用户达到了 9.5 亿户②。移动互联网的普遍应用,不仅改变了人们的生产、生活方式,提高了人们的生活品质,也改变了人们的思维方式和学习方式,同时还

---

① 杨吉华:《未来十年中国文化创意产业发展的六大趋势》,中共中央党校学报,2007 年第 1 期。

② http://finance.workercn.cn/527/201511/20/151120102347066.shtml.

影响了人们对文化创意产业的期望与需求。例如,移动互联网的存在与使用,使人们滞留在车站的时间变成了依托互联网进行搜集信息与写作的时间,使人们浪费在上下班路上的时间变成了可以有效阅读和进行网购的时间。移动互联网对人们的信息消费方式以及日常消费方式均产生了深刻影响。21世纪文化创意产业内的所有行业要得以生存与发展,都必须考虑互联网的存在与影响。

互联网,尤其是移动互联网的普遍应用,对绝大部分文化创意产业内的行业都产生了巨大的、长期的影响。例如,"自媒体"的出现与迅速发展,极大地降低了媒体的进入门槛,对所有平面媒体和新媒体的生存方式都提出了强有力的挑战。实际上,互联网时代的到来也宣布了媒体"平民化"时代已经到来。

（二）科学技术新成果将催生新的行业、新的业态

从目前我国文化创意产业发展的概况来看,许多科技新成果将对文化创意产业的形态产生巨大影响,并催生出新的行业、新的业态。例如,3D打印的普及,将加速新的行业的出现,如专门从事人体三维形象制造的行业的出现。利用人造卫星进行信息传播也将产生新的文化创意行业。

（三）产业融合将构筑我国文化创意产业的新构架

科学技术的发展推动了三次产业间的融合,其中特别是旅游业与现代农业间的融合,金融资本与产业资本的融合,通信业与娱乐业的融合,信息设备制造业、软件开发业与信息服务业之间的融合等,都将在我国文化创意产业发展中明显表现出来,形成与变动中的文化消费取向相适应的新的文化创意产业动态结构与新业态。这种产业之间的融合又进一步推动着科技的进步。

随着互联网在社会、经济、文化各个领域的广泛应用,建立在互联网基础上的文化创意产业内各个产业的相互融合将成为一

个必然的、长期的趋势。

二、竞争趋势

经过二十多年的快速发展,我国文化创意产业的区域合作与竞争同时加强,产业组织结构将发生深刻的变化,文化创意产业领域的竞争将逐步演变和扩大为全领域的竞争。

(一)区域间文化创意产业竞争趋于激烈

目前,区域间文化创意产业的激烈竞争促使全国范围内的文化创意产业呈现出更加不均衡的发展态势,中央和地方政府对于文化创意产业的整体规划和协调发展也进入一个新的阶段。全国大部分省、直辖市、自治区都已将文化创意产业作为地区的支柱产业进行规划,从而越来越彰显了该产业在提高地区经济增加值和综合竞争力方面所发挥的重要作用。鉴于此,区域间文化创意产业的竞争将围绕着市场的争夺与反争夺、合作与反合作等,在各个领域全面展开。在地方战略利益的驱动下,地方保护主义将会以一种新的存在方式来演示其合理性。东西部文化创意产业的非均衡发展态势可能会被进一步拉大,中西部具有文化资源优势的某些地区也可能会实现跨越式发展。

国家对文化创意产业发展的总体规划与整体布局在指挥各地区文化创意产业发展的同时,也会更加突显地区文化创意产业发展的自主性选择倾向,这给我国区域间文化创意产业的均衡发展带来了更大的困难。在那些最先发动并且已经获得占位优势的省份和大城市,将最可能出现若干个区域文化创意产业发展中心。

随着区域间文化创意产业竞争的日益激烈,许多地方的文化创意产业发展模式不得不由"大而全"转向发挥本地相对优势的"小而专"。在省、直辖市、自治区内,形成若干个集中与文化创意产业某一行业的积聚区。地区间的专业化分工,将形成若干具有地域和民族特色的文化产业群。

（二）产业组织结构将发生深刻变化

目前,我国文化创意产业中各个细分行业的产业组织结构,主要为中小企业。在这种背景下,文化创意产业内存在着比较充分的、激烈的竞争。随着文化创意产业市场的逐渐饱和与成熟,文化创意产业中的某些行业可能会成长出一些大型企业,从而改变其产业组织结构。在某些领域、行业将出现垄断现象,这种变化将在 2015 年到 2020 年日益明显。

最有可能发生变化的是依托于互联网的文化创意行业。一方面掌握网络主导权的企业将持续向下游增值部分延伸自己的价值链、产业链;另一方面,不对等的市场竞争地位将使众多中小企业丧失自主发展、经营的权力,只能依靠大型企业获得生存与发展。

日本动漫产业在战后 40 余年出现了几大出版社垄断的趋势,"1986 年,小学馆、集英社、讲谈社这三家大出版社所占有的市场份额,从 1985 年的 62.2%一下上升到 71.4%"①。

动漫产业理应是一个充满激烈竞争的行业,但仍然出现了垄断的趋势。可见,当市场成熟之后,在不依托网络的文化创意行业中,也会出现产业组织结构调整,产业集中度提高的现象。日本动漫产业的产业组织结构的演变,值得我国文化创意产业参考。

随着依托于智能终端、移动传播网络平台的新兴文化创意产业业态和行业的出现,文化创意产业的许多行业将面临新挑战,甚至发生巨大变化。不能及时适应技术、商业模式变化的企业,将可能会被市场所淘汰。从这一角度观察,文化创意产业组织结构需要相当长时间才能达到相对稳定的状态。

（三）文化创意产业将进入全领域竞争

随着文化创意产业的快速发展,文化创意产业领域的竞争将

---

① ［日］中野晴行著,　甄西译:《动漫创意产业论》,北京:国际文化出版公司,2007 年,第 179 页。

由存在于某些行业的竞争逐步演变和扩大为文化创意产业的全领域竞争,行业壁垒和市场准入之间的矛盾将充分展开,经济体制深度改革的成果将广泛应用于文化创意产业的各个领域。目前,传统的文化创意产业集团将进入新一轮重组和并购阶段,这将充分发挥市场在资源配置中的基础性作用。在文化创意市场的一般竞争性领域,原有的政府市场准入制度将失去其法律效力,新的登记制将逐步得到施行,从而打破原有的行政性行业壁垒。例如,"制播分离体制改革新的方案的实施,将为我国的节目制造或节目内容制造业腾出巨大空间,直接进入媒体的竞争模式,将逐渐为直接控制节目所取代"[①]。节目供应商的出现,将形成真正的内容产业,从而从整体上改变当前媒体产业竞争的格局,促使媒体汇流。而媒体汇流又将演变为文化创意产业多形态汇流。

另外,我国加入世贸组织及其在服务贸易领域里所做出的承诺,以及国际文化创意产业集团在 WTO 的原则框架范围内获准进入,不仅为我国文化创意产业的发展带来了全新挑战,而且也在很大程度上推动了我国文化创意产业形成全竞争态势。

第三节　我国文化创意产业发展的策略研究

我国的文化创意产业目前仍处于起步阶段,采取的仍然是以地方政府为主导的发展模式,产业发展迅速。但是,由于市场体制不够完善,各方面的基础条件薄弱等原因,我国文化创意产业在发展过程中仍存在一些问题。为了有效解决这些问题,推动我国文化创意产业快速健康发展,我们应在文化体制改革、基层文化市场开发、文化产品"走出去"等方面采取相应对策。

[①]　黄雅丽:《文化产业及发展趋势研究》,内蒙古师范大学硕士论文,2004 年。

一、深化文化体制改革

"深化文化体制改革,是解放和发展文化生产力的根本途径,也是加快文化发展方式转变、增强文化内在活力的必然选择"[①],同时还是我国文化创意产业发展的前提。目前,我国在文化体制方面面临着诸多问题。为推动文化创意产业的快速发展,我们应加快科技、文化、教育及相关领域体制机制的改革步伐,切实转变政府角色,完善相关政策法规,尽早打破行业壁垒,促进社会资源、技术、人才、资金的自由流动,为文化创意产业的发展创造较好的条件。

（一）切实转变政府角色

从世界文化创意产业发达国家的发展经验可以看出:发达国家在文化创意产业发展的过程中一直扮演着协调者、推动者的角色,其主要的职能是通过实施各种政策措施,为文化创意产业发展提供良好的外部环境。

由于种种原因,在我国文化创意发展的过程中,政府有关部门一直将自身定位于管理者的角色,其政策和管理目标基本上是制约文化的负外部性影响,充分发挥其意识形态功能。进入21世纪以来,党中央大力推进文化产业的发展,政府在文化管理方面的职能发生了一定程度的改变,由过去的管理者角色转化为一种集多种功能于一身的综合性角色,这使得我国目前很多的文化创意产业管理部门在追求目标方面难以获得较为明晰的定位,从而极大地制约了有关部门在文化创意产业管理和推进过程中的效率发挥。

为推动我国文化创意产业的快速发展,应切实转变政府职能,促进文化管理部门由综合性角色向推动者角色转化,强化其在政策调节、社会管理、市场监管、公共服务等方面的职能,创新

---

① 刘苏:《加快改革步伐 促进产业集聚》,徐州日报,2010-9-1。

文化管理方式,努力提高文化行政的管理效能。

（二）完善相关政策法规

截止到目前,与我国文化产业相关的法律法规体系已经初步建立起来。以新闻出版业为例,为履行加入 WTO 的承诺,我国已经形成了相对健全的新闻出版业领域的产业政策体系,从而有力地保证了这一行业各种经营活动的规范。但是,我国文化产业各行业的法律法规建设呈现出不平衡态势,如会展业、卡通动画业等行业的法律法规数量极为有限,所涉及范围也较为狭窄。因此,我国应尽快健全与文化产业相关的法律法规体系,对于那些与现实发展格格不入的文化产业法规政策,予以废除;对于那些有待发展的旧的文化法规政策,予以适时地修订,使之与实践的发展相适应。

（三）打破行业壁垒

我国文化创意产业在发展过程中,长期存在严重的条块分割问题。有学者将这种条块分割称为"棋盘式布局","不同区域是横线,部门界限是竖线,这样就把我们文化产业的所有资源分割成一块块,无论国有、民营,都难以跨越。实际上,文化资源因此被浪费掉了"[1]。为了改变这一现状,必须联合中宣部、文化部等部门,打破文化创意产业各部门间互不牵扯的方式,形成统一有效的文化创意产业综合管理体制。

（四）为民营资本进入文化创意产业领域提供更多政策便利

由于我国长期以来一直过分强调文化产品意识形态的功能,在民营资本进入文化创意产业领域方面设置了很多政策壁垒。这一状况在近些年得到了一定程度的改变,但从总体上看,文化

---

[1]　陈汉辞:《北京大学文化产业研究所副所长陈少峰:"文化产业对民营资本开放力度还不够"》,第一财经日报,2005-9-1。

创意产业领域对民营资本的开放力度极为有限。在对民营资本放开的领域中，"要么是非公资本早已进入、市场已经做得比较成熟的领域，要么是无利可图或是长期需要补贴的领域，所以民营资本的经营范围和活动余地还比较小"①。因此，进一步打破政策上的限制，为民营资本进入文化行业创造更多有利的条件，是我国文化创意产业发展过程中的一种必然选择。

今后，应进一步降低文化创意市场准入壁垒，为民营资本进入文化创意产业领域提供便利。应鼓励民营资本兴办一批富有活力、特色鲜明、主业突出、核心竞争力强的民营文化企业，形成国内文化市场的多元竞争格局。为此，应为民营文化企业的项目审批、财税政策、对外贸易等各方面提供便利，使其真正和国有文化企业享有同等的待遇。

二、开发基层文化市场

目前，我国文化创意产业呈现出不平衡性发展的态势，且这种态势还表现出进一步加剧的趋势。从整体上来看，我国文化创意产业多集中在城市和华东、华南等地区，农村与西部地区的文化创意产业发展相对缓慢。即使是乐观估计，我国西部农村地区文化创意产业的产值只占 GDP 的 2%，在某些老少边穷地区的农村，甚至根本谈不上有什么文化产业。②在这种情况下，如何进一步开发农村基层文化市场，协调全国文化创意产业平衡发展已迫在眉睫。

（一）完善基层文化基础设施建设

不可否认的是，我国农村文化基础设施建设依然非常薄弱，难以支撑农村文化的建设。基础设施等文化"硬件"是各种文化创意产品得以展现的重要平台，如果基础设施落后，就会在很大

---

① 陈汉辞：《北京大学文化产业研究所副所长陈少峰："文化产业对民营资本开放力度还不够"》，第一财经日报，2005-9-1。
② 仲大军：《中国文化产业的现状与问题》，珠江流域文化产业发展峰会，2003 年。

程度上限制文化创意产品和服务的开展。因此,完善基层文化基础设施建设,是开拓我国农村文化市场,提高基层文化创意产业发展水平的前提所在。

为了完善基层文化基础设施建设,应该加大专项资金投入,加快建设步伐,采取以下几方面措施。第一,尽快发挥乡镇、村级文化活动场所对广大农民群众的服务功能,加速进入市场和产业化的步伐。第二,开发文化电子信息资源,提高文化网站点击率。第三,加强对农村娱乐场所的建设和管理。第四,加快农村基层服务网点建设的步伐。第五,加速通信业、娱乐业等文化设施建设。第六,加快特色数据库建设。从农村民俗文化和现代都市文化相融合、从民族精神和时代精神相结合上提高农村文化基础设施的层次[①]。

（二）协调城乡文化市场

在政府有关部门的大力推动下,我国城市文化创意产业呈现出快速增长的趋势,很多城市的发展水平已接近发达国家。例如,北京市的文化创意产业发展水平已经与纽约等城市等量齐观。与城市相比,我国农村文化创意产业的发展水平依旧非常落后。例如,我国有 64 万个村庄,平均每个村庄全年只能看 0.4 场剧团演出[②]。

由于我国农村经济发展落后,文化、教育等资源分配不平衡等多方面的原因,导致了我国城乡文化市场发展极度不平衡。为了协调城乡文化市场,缩小差距,在文化创意产业大发展的语境中,必须努力发展农村文化市场,利用文化创意产业自身的聚集功能推动乡村城镇化的步伐。此外,我们还应该在城乡一体化发展的框架下,通过国民收入再分配等经济手段,对全社会的文化资源进行合理配置,最终实现城乡文化经济协调发展。

---

① 李新市,陈友谊,申天橙:《中国农村文化产业的问题与出路》,天府新论,2007 年第 1 期。

② http://cul.sohu.com/20070727/n251269508.shtml.

三、推动文化产品出口

在全球文化竞争日益激烈的今天,参与国际文化创意产业竞争、争夺文化市场,已经成为切实摆在我们面前的一个严峻现实。就目前的情形而论,已经不能再忽视我国文化产品对外贸易逆差的情况。为了解决我国对外文化产品的贸易情况,应当加快我国文化创意产业"走出去"的步伐,推动文化产品出口,积极参与文化创意产业的国际竞争。

（一）充分运用各种营销策略

为了让我国文化创意产品"走出去",必须以市场手段为主,大力发展文化产品贸易。在信息时代,要参与文化创意产业的国际竞争,让别国接受本国的文化产品,就必须积极运用各种营销策略。就营销策略而言,常用的主要有以下几种。

1. 活动营销

在当今文化产品营销的过程中,人们给予了活动营销越来越多的重视。活动营销能够迅速让文化产品吸引受众的注意力,提升受众对该文化产品的认可度与接受度,获得竞争优势。我国文化创意产业在参与国际竞争的过程中,也应该积极使用这种营销策略。在目标市场国举行相关活动,使国外受众在这些活动中熟悉该文化产品、文化企业,从而使得该文化产品在国外文化市场得到普遍认可,产生较大的影响力,为文化企业创得利润。

2. 立体整合营销

著名导演特吕弗曾感叹:"好莱坞善于将一部影片炒作成为一场社会运动。"这种将某一文化产品炒作成社会运动的做法是典型的立体整合营销策略。目前,对于我国文化创意产业参与国际竞争而言,也迫切需要运用这种营销策略。有关人士指出,文化产品的立体整合营销有四个关键因素:第一,以消费者的认知来定位产品和卖点;第二,树立"营销就是传播"的理念并将它准确到位地付诸实践;第三,充分利用信息技术,制定针对不同消费群体的"资料库";第四,核心环节——整合,包括纵向、横向有机整合。我国文化创意市场在营销的过程中,也应该从整合的高度、视角、思维出发,去俯视、构建文化市场,生产、营销文化产品,营造文化消费的氛围和市场环境。

3. 关系营销

关系营销是指"企业的经营活动以承诺与信誉为基础,与以客户为首位的各个方面,建立、发展、保持、巩固其长期的互利合作关系,织就一个广泛的市场关系营销网络"[①]。这种营销策略在一般产品的营销过程中发挥了重要作用,积累了许多有益的经验。为了推动我国文化产品的出口,应该在保障文化产品质量的前提下,搞好与目标市场国的关系,做好文化接近性等方面的工作。因此,关系营销对我国文化产品参与国际竞争而言,有着非常重要的意义。

(二)充分利用产品策略,降低文化折扣

在文化产品参与国际竞争、进行国际贸易的过程中,营销必须与产品结合起来。考林·霍斯金斯、斯徒亚特·迈克法蒂耶等人将单纯注重产品营销的方式称为"销售理念"。持有"销售理念"的人们认为消费者自身不会购买足够多的产品,因此企业必须主动地销售商品,但是,"这些企业的经营者一门心思要把自己生产的产品卖出去,却根本没有想到自己应当生产能够卖出去的产品"[②]。对于我国文化产品走向国际市场而言,首先应该考虑什么是"能够卖出去的"产品。

由于"文化折扣"等方面的原因,文化产品的国外营销环境明显不同于国内。要使文化产品"走出去",必须针对进口国,采

---

① 官承波,闫玉刚:《文化创意产业总论》,北京:中国广播电视出版社,2008年,第129页。
② [美]考林·霍斯金斯、斯徒亚特·迈克法蒂耶、亚当·费恩著,刘丰海、张慧宇译:《全球电视和电影产业经济学导论》,北京:新华出版社,2004年,第164页。

取一定的产品策略。在目前的情形下,主要有以下几种降低我国文化产品文化折扣的策略。

1. 选择文化折扣度较低的文化产品类型

文化折扣的程度取决于产品类型。考林·霍斯金斯、斯徒亚特·迈克法蒂耶等人认为,这也是为什么国际文化贸易仅仅集中在少数几个产品类型上的原因。[①] 在所有的文化产品类型中,具有最低文化折扣的类型是动作类文化产品。动作能够以直观、形象的方式表达人物内心和各种简单的故事情节,是最具世界性和人类共通性的肢体语言。查普曼的研究也表明,动作片克服了语言、文化传统等各个方面的障碍,是电视节目贸易中交易最多的节目类型。在对外文化贸易中,历史剧、生活剧、情景喜剧等遭受的文化折扣都比较大,难以成功打开国外文化市场。

在推动我国文化创意产业参与国际竞争的过程中,也应该选择文化贸易折扣度较低的文化产品类型,将其作为文化产业出口的主打产品。我国文化产品最早在对外贸易中获得成功的是动作类电影。因此,在影视方面,我们应该努力拍好展示中国功夫的影视作品,以动作片、武侠片为龙头,带动其他动作类产品"走出去"。由于我国演出团体的海外演出在节目类型上主要以杂技等动作类为主,因此,在演出方面,我们应该努力打造具有国际影响力的名牌杂技艺术表演团体,带动其他艺术种类海外商演,创造良好的经济效益。

总之,为了推动我国文化产品出口,我们今后应该重点扶持一批中国动作类文化产品的世界品牌,使之成为我国对外文化贸易的排头兵。

2. 本土化与国际化相结合

民族化、个性化是一国文化(包括文化产品)保持长期生命力的根本所在。如出一辙、雷同化、同质化的文化产品最终只能失

---

① ［美］考林·霍斯金斯、斯徒亚特·迈克法蒂耶、亚当·费恩著,刘丰海、张慧宇译:《全球电视和电影产业经济学导论》,北京:新华出版社,2004 年,第 47 页。

去对消费者的吸引力。然而，在国外消费者对我国文化不熟悉的情况下，只有坚持本土化与国际化结合的文化产品生产策略，才能成功地打开国外消费市场。随着消费资本的增加，国外观众会越来越熟悉我国的文化，从而不断降低我国文化产品的文化折扣。

在我国文化产品"走出去"的初期，为了更好地推动我国文化创意产业参与国际竞争，我们应该致力于生产出既具有本土化内容又与国际化接轨的文化产品。以电影为例，《英雄》《十面埋伏》《功夫》等在国际文化市场较为卖座的中国电影，都是将武侠这一本土化元素与和平、统一、魔幻等国际化元素相结合，即都是本土化与国际化相结合的产物。

在文化产品生产方面，我们应该借鉴和平、平等、爱情、奋斗等人类共有的元素，沟通中西文化的巨大差异。在本土化与国际化相结合方面，我们可以借鉴韩国在文化产业方面的成功经验。韩国影视、服饰、电器等混合而成的"韩流"正以不可阻挡的强劲势头走向世界，对各国传统文化资源造成了强大冲击。究其原因，主要立足于本土传统文化，不断学习先进文化然后创新出具有现代意识的形式。[1] 对于我国文化企业和国际文化贸易而言，"在如何以本土传统文化为基础，创造出具有现代意识的形式，推动本土化与国际化相结合方面，我们做得还远远不够"[2]。

3. 借用国外观众熟悉的文化样式

具体而言，就是要借助国外观众所熟悉的文化产品形式，融入我国传统文化、艺术样式等内容，从而降低我国文化产品出口中的文化折扣。每一个国家或区域都有自己所熟知文化产品，借助这些文化产品的形式，融入我国内容之后，就能够在很大程度上降低文化折扣度，从而促使国外观众接受与喜爱该产品。

① 史斌：《当文化成为韩商的利器：广告所带不来的亲和力》，环球财经，2005 年第 2 期。
② 闫玉刚：《"文化折扣"与中国对外文化贸易的产品策略》，现代经济探讨，2008 年第 2 期。

在这一方面,美国取得了很多值得我们借鉴的经验。美国曾经利用《花木兰》等电影成功进入我国文化市场。这些电影充分利用了中国优秀传统文化资源的外壳,经过"好莱坞化"的内容调整和高科技、大投资、强营销的包装推介,取得了不俗的票房成绩。

进入 21 世纪以来,民族文化与世界文化呈现出越来越融合的趋势,民族文化也日益成为全世界共同具有重大价值的遗产与资源。在文化产业方面,美国好莱坞对世界各种优秀文化遗产的"改造"就是极好的证明。我国有着非常丰富的历史文化资源,但受制于投入、营销能力等,我国文化企业打造的文化产品,目前难以被国外消费者认可和接受。在这种情况下,推动我国文化产品出口的一个有效策略,就是利用国外观众熟悉的文化形式、文化内容,有针对性地生产有关文化产品。

(三)针对目标市场,加强市场调研与合作

文化产品的根本是其中蕴含的文化内容,这种文化内容只有与目标市场国的价值观、审美趣味相符,才会被目标市场国认可和接受。因此,针对目标市场国,加强市场调研与合作,具有重要意义。

1. 了解目标市场国文化习惯,加强文化市场等方面的调研工作

早在 1927 年,美国商务部便发布过一份中国市场调研报告,该报告相当准确与细致地分析了"中国电影趣味",并且归纳出美国电影能够占据中国市场的原因是创作了"大团圆""善恶分明"等符合中国文化习惯的电影。深入了解目标市场国的文化习惯与文化市场,也是美国文化产品能够在国际竞争中占据优势地位的原因之一。在推动我国文化产品出口时,也必须在了解目标市场国的文化习惯和文化市场状况的基础上,制作、发行文化产品。

2. 在调研的基础上加强与目标市场国的合作

美国电影协会主席丹·格里克曼在谈到"如何向美国市场推介我国电影"时指出："进入美国市场的中国电影,要么是以合拍片形式,要么是以美国公司介入帮助进行推销。"[①]1998年,索尼—哥伦比亚公司在香港成立亚洲分公司,为了顺利打开亚洲电影市场,所拍摄影片均采用演员本国语言进行对话。在此之后,索尼—哥伦比亚公司与华谊兄弟太合影视公司合作,拍摄了《天地英雄》《功夫》等影片,受到了中国观众的广泛欢迎与喜爱。索尼—哥伦比亚之所以能够顺利打开中国电影市场,一个重要的原因就是能够加强同中国的合作。我国文化产品走出去,也应该充分采用与国外合作的方式,如与国外出版社联合出版等。

四、加强对新兴文化创意产业的扶持和规范

近些年,新兴文化创意产业已经成为我国文化创意产业的主力军,大大提高了我国文化创意产业在国际市场上的地位。但是,我国新兴文化创意产业起步较晚,仍面临很多问题,如产业结构不够合理等。为推动我国新兴文化创意产业的持续健康发展,应采取各种措施对新兴文化创意产业开展进一步的扶持和规范。就目前的情形而言,加强对新兴文化创意产业的扶持和规范,应着重做好以下几个方面工作。

（一）鼓励内容创新、加强内容规范

新兴文化产业以网络、手机等便捷式媒介为主要载体,其渠道更为丰富。而且,受众在新兴文化创意产业领域拥有更多的选择权。在这种情况下,能够吸引受众的只有内容。因此,内容创新是文化创意产业发展的关键所在。为推动新兴文化创意产业取得良好的国际竞争力,应在法律允许的范围内,采取多种有效

---

① 卢燕、李亦中:《聚焦好莱坞:文化与市场对接》,北京:北京大学出版社,2006年,第19页。

措施为其内容创新提供更为宽松、自由的环境。

同时,由于新兴文化产业在内容生产方面拥有较多的自由,其内容创意、发布的准入门槛也较低,导致很多新兴文化产业的内容存在色情、暴力等,对社会产生了不良影响。因此,为了推动新兴文化创意产业的健康发展,一方面要鼓励新兴文化创意产业进行内容创新,另一方面也必须加强对新兴文化创意产业内容的规范。

（二）提高认识，通力合作

要推动中国新兴文化创意产业的发展,有关部门首先要认识到新兴文化创意产业是中国经济发展的支柱型产业,在促进社会经济发展方面具有无可比拟的作用。具体做法包括:"借鉴国外一些国家的做法制定《文化产业振兴法》,从法律上,为文化产业发展提供法律依据;设立国家文化产业发展基金,为加大文化产业发展中的科技含量,促进文化产业结构调整,提供资金支持。推进文化体制改革,为文化产业发展提供体制保障。"[1]

推动我国新兴文化创意产业发展,实际上是一个长期的、艰巨的系统工程。在制定扶持新兴文化创意产业发展的相关政策时,需要组织政、产、学、研等各领域通力合作,确保制定出的政策具有可行性。在相关政策的实施过程中,更需要着眼于国家产业发展的大局,摒弃部门、行业偏见,保证有关政策的顺利实施。

（三）加强新兴文化创意产业领域的版权保护工作

在新兴文化创意产业快速发展的同时,版权保护问题也不断出现。七大国际唱片公司指控百度MP3搜索侵权案,就为新兴文化创意产业领域的版权保护问题提出了警示。近年来,网络游戏、手机彩铃等领域也不断发生版权纠纷、侵权事件。比如,2014

---

[1] 祁述裕，韩骏伟:《新兴文化产业的地位和文化产业发展趋势》,马克思主义与现实,2006年第5期。

年暴雪和网易状告游易网络侵权案,获得了胜诉,十日内得到经济损失赔偿。这些侵权案的频繁出现,充分表明加强新兴文化创意产业领域的版权保护已经是一项非常迫切的任务。

第四节　以中原传统文化为基础的
文化创意产业发展研究

对我国文化创意产业的发展状况进行分析,就不得不分析以中原传统文化为基础的文化创意产业的发展。中原地区有着悠久的历史文化传统、丰富的传统文化资源,在发展文化创意产业方面具有独特的优势条件。在以中原传统文化为基础的文化创意产业快速发展的同时,也出现了一些问题。为了促使其更好地发展,必须采取相应的策略。

一、以中原传统文化为基础的文化创意产业的优势条件

近些年,以中原传统文化为基础的文化创意产业之所以获得了快速发展,取得了令人瞩目的成就,主要得益于以下几个方面的优势条件。

(一)深厚的文化底蕴

中原文化是中华文化和华夏文明的重要源头和核心组成部分。

在漫长的历史长河中,中原地区不仅是我国的政治经济中心,也是中华文明的摇篮,孕育着中华民族的主流文化。在中国历史上,先后有二十多个朝代将首都定在中原地区。可以说,"中原地区以特殊的地理位置、生存环境、历史地位和人文精神使中原文化在漫长的中国历史中长期居于正统主流地位,中原文化一定程度上代表着中国传统文化,中原经济区也被定位为华夏历史

文明传承创新区"①。中原地区深厚的文化底蕴为以中原传统文化为基础的文化创意产业的发展创造了广泛的基础。对于中原地区这样深厚的文化底蕴,应该予以充分的利用。例如,可以借鉴黄帝故里拜祖大典的成功经验,大力挖掘伏羲、盘古、炎帝祭祀等上古民俗文化,深入开展中原地区姓氏文化交流与合作,促进中原根亲文化品牌的影响力持续扩大。

（二）优越的政策环境

国务院 2012 年正式批复的《中原经济区规划》第五章明确要求:"积极培育战略性新兴产业,加快发展现代金融业、旅游业、物流业、文化产业等服务业,提高自主创新能力。"第十一章明确指出:"积极培育发展战略性新兴产业。推进企业技术改造和产业结构调整,加快特色优势产业发展。按照国家统一部署,开展营业税改征增值税工作改革试点,促进服务业发展和制造业转型升级。加大专项建设资金投入,在重大基础设施项目规划布局、审批核准、资金安排等方面给予适当支持。鼓励金融机构对符合国家政策导向的重点工程和在建项目优先进行信贷支持。"②这些优越的政策环境为以中原传统文化为基础的文化创意产业的发展提供了政策依据。

（三）广阔的发展潜力

最近几年,中国文化创意产业飞速发展,特别是香港、台湾地区,北京、上海、深圳等城市的文化创意产业正在迅猛崛起。但在中原地区,文化创意产业依然属于风险产业,具体表现在文化创意市场还不够成熟、文化创意产品的需求欠稳定、文化创意产业链也不完整。但是,文化创意产业又是新兴产业,具有广阔的市场前景与发展潜力以及顽强的生命力。

---

① 郑彦松,高长春:《中原经济区文化创意产业发展研究》,北方经贸,2013 年第 10 期。
② 同上。

（四）巨大的市场空间

目前,中原地区正处于经济快速发展的阶段,人口总量大,劳动力素质不断提升,有着非常广阔的投资和消费需求空间,市场优势也越来越明显。随着改革开发的进一步深入,开放型经济的发展,中原地区依靠其丰富的、高素质的劳动力资源等优势,成为全国各地文化创意发展的领头军。以中原传统文化为基础的文化创意产业发展潜力大,文化创意产品需求量大,文化创意产业市场空间巨大。近些年来,英、美、日等发达国家都非常重视文化创意产业的发展。少林功夫和熊猫都是极具中国特色的文化元素,美国以此拍出了深受现代人所喜爱的动画电影《功夫熊猫》;花木兰的故事同样出自中国传统文化,却被美国人拍出了广受好评的动画片《花木兰》。在我国的中原传统文化中,还有着大量类似于少林功夫、熊猫、花木兰的元素,这些都有待于我们在文化创意产业中对其合理利用,使其价值得到充分发挥。想要基于中原传统文化发展我国的文化创意产业,我们可以持续推进中原传统文化与旅游业的深度融合,宣扬中原传统文化旅游的相关理念,如少林功夫、河洛文化等都有利于提高旅游宣传的效用;还可以加强中原传统文化与现代动漫产业、影视剧创作方面的应用,争取创作出更多能够媲美《花木兰》《功夫熊猫》的影视精品节目。

（五）便捷的交通运输

中原地区交通非常便利,目前已建成完善的高速公路网。在《中原经济区规划》的指导思想下,将进一步形成完善的现代化交通体系,为以中原传统文化为基础的文化创意产业的发展提供基础设施方面的保障。

二、以中原传统文化为基础的文化创意产业的不足

就目前的情形看,以中原传统文化为基础的文化创意产业发展迅速,且有着巨大的市场潜力与发展空间,但是该产业在发展过程中也存在一些不足。

（一）文化创意产业基础薄弱

迄今为止,中原地区的文化创意产业主要以中小企业为主,这些企业虽然有较强的生命力与技术基础,但是规模都较小,产业基础相对薄弱,需要社会给予一定的帮助。此外,从文化创意产业的发展环境来看,创意产业的市场也需要进一步进行培育。

（二）向传统产业的渗透不足

目前,以中原传统文化为基础的文化创意产业单独的发展很快,但是向传统产业的渗透融合明显不足,自身的产业链不够完整,因而还不能充分实现它的价值。

（三）文化创意产业人才缺乏

创意产业属于新兴产业,目前是创意人才远远不能适应创意产业迅速的发展,不仅缺少高端的文化创意产业人才,而且还缺乏将创意作品产业化经营的人才[1]。对于中原地区而言,这种状况更加明显。

三、促进以中原传统文化为基础的文化创意产业发展的策略

为了促进以中原传统文化为基础的文化创意产业的健康、持续发展,可以采取以下几方面策略。

（一）进行全局性规划管理

第一,将中原地区发展文化创意产业的优势领域纳入经济区发展规划;第二,对现有的文化创意产业管理机构进行有效整

---

[1]　宋爱娴:《全球化背景下中国文化创意产业发展现状与政策建议》,宏观经济,2013年第1期。

合,完善该产业的监督管理体系。

（二）建立健全文化创意产业扶持政策

文化创意产业的扶持政策主要体现在资金方面,首先,要对文化创意产业的融资渠道进行拓宽;其次,要加大政府资金投入比例;最后,采取有力措施,降低准入门槛,鼓励社会资金进入文化创意产业,提高文化创意产业项目投资的回报率。此外,为解决有巨大发展潜力的中小型文化创意产业在发展初期遇到的资金问题,政府可设立专项资金,对其进行重点扶持。例如,我国应加大对中原传统特色文化产品的扶持力度,推动玉雕、钧瓷、汴绣、唐三彩等工艺美术品延伸产业链、提高附加值。还可以促进中原文化与具有中原特色的花卉、园艺、茶艺、中医药等产业融合发展,不断提高洛阳牡丹文化节、开封菊花文化节、信阳茶文化节等节会活动的知名度和影响力。

（三）加大知识产权保护力度

文化创意产品非常容易进行模仿,如果缺乏严格的知识产权保护体系,文化创意产业将难以获得预期的经济效益,从而挫伤文化创意人员进行创新的积极性。因此,必须加大知识产权的保护力度。人的创造力是文化创意产业的核心,保护知识产权在本质上就是保护该产业的生产力。而目前全国各个省市,包括中原地区的知识产权保护体系均有待健全。在健全中原地区文化知识产权保护立法的同时,加大执法力度。

（四）加大对创意产业人才引进与培养力度

人才是以中原传统文化为基础的文化创意产业发展的核心资源,也决定着未来创意产业的发展。目前,中原地区相对缺乏文化创意产业人才,而且文化创意人才的总量、结构、素质也远远不能适应当前文化创意产业快速发展的要求。针对这一情况，政府不仅要从外地、外国积极吸引和聚集文化创意人才，同时努力建立文化创意人才培养机制，加强对创意产业人才的引进和培养，同时要强化培养现有人才的创新意识。[①]

[①]　冯宾，张政良：《文化创意产业背景下教育教学改革》，现代阅读，2013年第4期。

第七章 我国文化体制改革与文化产业体系创新

文化产业的发展与文化体制有着密切联系。近年来,随着我国文化体制改革的不断深入,我国文化产业获得了长足进步和快速发展。同时,文化产业体系的不断创新也推动着我国文化产业的发展。本章即对我国文化体制改革以及文化产业体系创新的相关内容进行阐述。

第一节 我国文化体制改革的历程

我国文化体制改革以十一届三中全会为起点,经历了30多年的发展历程。大致来说,我国文化体制改革大致经历了以下四个阶段。

一、管理阶段（1979—1984）

在这一阶段,国家仍然将"文化事业"管理的体制惯性延伸到文化市场,还属于我国计划经济时期的文化体制,并没有产生真正意义上的"文化产业"。在总体布局上,与行政管理体制相对应建立专业文艺团体,实行单一公有制,分配上搞"大锅饭",也没有相应的人事制度、人员流动机制和淘汰机制。

1983年,国务院《政府工作报告》首次提出"文艺体制需要有领导、有步骤地进行改革"。

1984年是我国文化产业的起步准备阶段。文化流通领域开始发展,有力地冲击着既有的文化观念。

二、萌发阶段（1985—1995）

1985 年,国务院批转了国家统计局的《关于建立第三产业统计的报告》,其中将文化艺术作为第三产业的组成部分列入了国民生产统计项目,确认了文化艺术的商品属性和产业属性。

1986 年 9 月 28 日,党的十二届六中全会通过了《中共中央关于社会主义精神文明建设指导方针的决议》,首次涉及了"文化体制改革问题"。

1988 年,文化部、国家工商局联合发布《关于加强文化市场管理工作的通知》,正式提出了"文化市场"这一概念。

1990 年,在十三届七中全会上通过了《中共中央关于制定国民经济和社会发展十年规划和"八五"计划的建议》,提出"中央和地方都要把精神文明建设纳入发展规划,逐渐增加必要的投入,使之与国家在物质文明建设方面投入的增长保持适当比例"。

1991 年,国务院批转了《文化部关于文化事业若干经济政策意见的报告》,报告中正式提出了"文化经济"的概念。

1992 年,党的十四大召开和邓小平同志南方讲话使文化体制改革进一步深入。同年,国务院办公厅综合司编著的《重大战略决策——加快发展第三产业》中首次提出了"文化产业"这一概念。

三、自觉阶段（1996—2005）

1996 年,党的十四届六中全会通过《中共中央关于加强社会主义精神文明建设若干重要问题的决议》,其中首次系统论述了文化体制改革的问题。同年 9 月出台了《国务院关于进一步完善文化经济政策的若干规定》。

1997 年,党的十五大正式提出建设有中国特色社会主义文化;1998 年,文化部成立了文化产业司,标志着文化产业被纳入了政府工作体系。

1999 年 1 月召开了"全国文化产业工作会议",同年 4 月举办了高规格的"亚洲文化产业和文化发展国际会议",有 20 多个国家派代表参加。

2000 年 10 月,党的第十五届五中全会通过了《中共中央关于制定国民经济和社会发展第十个五年计划的建议》,文中出现了"文化产业"和"文化产业政策"两个概念,这在中央文件中是首次出现。

2001 年,中国加入世界贸易组织,刺激了文化产业的发展,也使中国加入了文化产业的国际市场竞争。

2002 年 11 月,江泽民同志在党的十六大报告中进一步明确区分了文化事业和文化产业,对我国文化体制改革事业进行了系统论述,并作出了深化文化体制改革、发展文化产业的战略部署。

2003 年 6 月,全国文化体制改革试点工作会议召开,在该会议中,全国有 9 个地区和文化、新闻、出版系统的 35 个文化单位被列为文化体制改革试点,并随即颁布了《文化体制改革试点中支持文化产业发展的规定》《文化体制改革试点中经营性文化事业单位转制为企业的规定》等政策。7 月出台了《中共中央宣传部、文化部、国家广电总局、新闻出版总署关于文化体制改革试点工作的意见》,将文化单位明确区分为"公益性文化事业"和"经营性文化企业",对于后者要求"以创新体制、转换机制、面向市场、增强活力为重点,推动经营性文化产业的不断壮大",并且要推动以往的文化单位"真正成为市场竞争主体"。10 月,在党的十六届三中全会上指出了:"经营性文化产业单位要创新体制,转换机制,面向市场,壮大实力。健全文化市场体系,建立富有活力的文化产品生产经营体制。完善文化产业政策,鼓励多渠道资金投入,促进各类文化产业共同发展,形成一批大型文化企业集团,增强文化产业的整体实力和国际竞争力。"这是我国文化产业持续发展最重要的政策保障。至此,"文化产业化的浪潮从多种所有制企业进一步扩展到国有大型骨干文化单位,从流通业扩展到制造业和服务业,从较小规模的事业单位发展到大的文化企业集团,文化产业开始有效影响国民经济的发展壮大"①。

2004年3月,国家统计局正式颁布了《文化及相关产业分类》标准,该标准首次从统计上对文化及相关产业作了科学、权威的分类。

2005年年初,国家下发了《国务院关于鼓励、支持和引导个体、私营等非公有制经济发展的若干意见》和《国务院关于非公有资本进入文化产业的若干决定》;同年7月,文化部、国家广播电影电视总局、新闻出版总署、国家发展和改革委员会、商务部联合发出了《关于文化领域引进外资的若干意见的通知》;8月,中宣部、文化部、广电总局、新闻出版总署、商务部、海关总署六部委联合下发了《关于加强文化产品进口管理的办法》;2005年12月,中共中央、国务院正式颁布《中共中央、国务院关于深化文化体制改革的若干意见》。"这些方针政策的出台,为我国文化产业的发展提供了政策支持,有助于促进以国有文化企业为主导、多种所有制经济共同参与、投资主体多元化、融资渠道社会化、投资方式多样化、项目建设市场化的文化产业发展新格局的形成。"②

四、加速发展阶段（2006年至今）

2006年3月,中央召开了全国文化体制改革工作会议,新确定了全国89个地区和170个单位作为文化体制改革试点。同年9月,中共中央、国务院印发的《国家"十一五"时期文化发展规划纲要》(以下简称《纲要》),对"十一五"时期文化发展的指导思想、方针原则、目标任务进行了全面阐述,由此我国文化体制改革取得了重大突破性进展。《纲要》还特别提到要"整合资源、突出重点,实施'走出去'重大工程项目,加快'走出去'步伐,扩大我国文化的覆盖面和国际影响力"。

2006年起,国家广电总局全面展开了广播电视体制改革,不

---

① 刘泓,袁勇麟:《文化创意产业十五讲》,成都:四川大学出版社,2012年,第108页。
② 欧阳友权:《文化产业通论》,长沙:湖南人民出版社,2006年,第15页。

断制定和调整各种法规政策,加大市场开放力度,逐步降低行业准入门槛,广泛吸引、鼓励各种资本参与到广播影视产业化发展中来,不断提高广播影视产业化的社会化程度。同年4月,国务院办公厅又转发财政部等部门《关于推动我国动漫产业发展若干意见的通知》,首次明确了一个具体创意行业的发展思路和目标,提出了要加大投入,建设动漫产业基地,支持技术研发和人才培养、加强知识产权保护等重要举措,推动了我国动漫产业快速发展。9月,在《国家"十一五"时期文化发展规划纲要》中,首次将"创意产业"写入其中,表明这一新生事物已得到国家的认同和重视。

2007年11月,党的十七大报告再次提出要求发展新兴文化产业,提出兴起社会主义文化建设新高潮、推动社会主义文化大发展大繁荣的战略任务。报告中强调"加强对外文化交流,吸收各国优秀文明成果,增强中华文化国际影响力",有关部门相继出台了扶持、优惠政策,作为新兴产业的文化创意产业发展迅猛。党的十七大还提出"运用高新技术创新文化生产方式,培育新的文化业态,加快构建传输快捷、覆盖广泛的文化传播体系",并由国务院办公厅转发国家发改委等部门《关于鼓励数字电视产业发展若干政策的通知》。在此背景下,我国开始了电视广播信号由模拟转向数字付费的整体平移工作。

2009年3月,温家宝同志在十一届全国人大二次会议上做政府工作报告,提出"要加快发展现代服务业,促进金融、现代物流、信息资讯、软件和创意产业发展,拓展新兴服务领域"。这是我国第一次将创意产业提到了国家政策层面。2009年7月,国务院出台《文化产业振兴规划》,其中正式将文化产业作为一项产业纳入国务院的产业规划体系之中。之后,国家陆续出台了《关于深化国有文艺演出院团体制改革的若干意见》《关于深化中央各部门各单位出版社体制改革的意见》等政策措施。

2011年3月,十一届全国人大四次会议通过了《中华人民共和国国民经济和社会发展第十二个五年规划纲要》,其中将"传承

创新　推动文化大发展大繁荣"单独设为一篇,从"提高全民族文明素质""推进文化创新""繁荣发展文化事业和文化产业"三个方面对"十二五"时期我国文化发展作出了总体部署,提出了"建立健全公共文化服务体系""推动文化产业成为国民经济支柱性产业""增强中华文化国际竞争力和影响力,提升国家软实力"的目标。

2011年10月18日,中国共产党第十七届中央委员会第六次全体会议通过了《中共中央关于深化文化体制改革的决定》,其中提出了深化文化体制改革、推动社会主义文化大发展大繁荣的问题。

2012年2月,中共中央办公厅、国务院办公厅印发《国家"十二五"时期文化改革发展规划纲要》。其中指出,"将采取政府采购、项目补贴、定向资助、贷款贴息、税收减免等政策措施鼓励各类文化企业参与公共文化服务"。同时,"在国家许可范围内,要引导社会资本以多种形式投资文化产业,参与国有经营性文化单位转企改制,参与重大文化产业项目实施和文化产业园区建设"。

2012年11月,党的十八大报告在论述全面建成小康社会和全面深化改革开放的目标时指出,要让"文化产品更加丰富,公共文化服务体系基本建成,文化产业成为国民经济支柱性产业";"促进文化和科技融合,发展新型文化业态,提高文化产业规模化、集约化、专业化水平"。十八大报告还提出要"让一切文化创造源泉充分涌流,开创全民族文化创造活力持续迸发、社会文化生活更加丰富多彩、人民基本文化权益得到更好保障、人民思想道德素质和科学文化素质全面提高、中华文化国际影响力不断增强的新局面"。

2014年2月,习近平总书记主持召开了中央全面深化改革领导小组会议,会议审议通过了《深化文化体制改革实施方案》,新一轮文化体制改革开始进入全面实施阶段。

第二节　推动文化产业体系创新

创新是文化产业发展的根本动力。文化产业创新是一个复杂的系统工程，我国文化产业要想在世界文化产业发展的格局中展现出自己的特色和实力，就必须重视建立和完善文化产业体系的创新。

一、注重文化观念创新

（一）树立"大文化"的理念

当今，随着"文化产业"这一概念的出现，文化的内涵和外延大大拓展了。文化不仅指文学、戏曲、电影、博物馆、图书馆，还包括广电、出版、网络、体育休闲、艺术品的收藏与交易、旅游等。随着技术与传播手段的不断革新，文化的形态也在不断变化，网络游戏、动漫、手机电视等新媒体已成为人们日常生活不可或缺的部分。可以说，"文化"这一概念不仅包括物质文化，也有非物质文化；不仅有形而上的观念文化，也有形而下的物质文化；不仅有历史悠久的传统文化，也有充满生机的当代文化；不仅有本土文化，也有不断进入的外来文化；等等。

随着市场经济对文化的影响和改变，"文化已经由单一的意识形态变为复杂的经济形态；由单一的只重视社会效益开始变得重视经济效益；由单一的重视文化生产开始转向文化消费；由单一的传者本位开始转向受众本位"[1]。文化不仅是影响人们精神的力量，也成为振兴经济的重要力量。

（二）确立文化产业是软实力的理念

文化与政治、经济、军事相比，是一种软力量。美国学者约瑟

---

① 汪振军：《中国文化产业创新研究》，郑州：河南人民出版社，2011年，第294页。

夫·奈针对当今国际形势的变化提出了"软实力"概念。他认为，目前国际竞争的新趋势就是软实力的竞争，文化、艺术、意识形态等软力量发挥着越来越重要的作用。而文化产业虽然不等同于国家软实力，却是软实力的重要组成部分。大力发展文化产业，不仅是推动国民经济发展的需要，也是满足人们日益增长的精神文化需求的需要。

（三）树立文化的市场意识

发展文化产业必须树立市场意识。其中包含两个层面：一是政府的层面；二是文化企业和文化生产者的层面。

对政府来说，必须改变过去那种包揽一切、无所不能的管理方式。政府应建立一个良好的市场环境，制定一个公开、公平、公正的竞争规则；政府的职能是帮助企业解决市场化过程中面临的政策难题，而不是具体插手企业的决策、生产和销售。

对于文化企业和生产者来说，其应该将重心着重放在研究市场、研究人们的审美需求，生产出适销对路、人们喜闻乐见的文化产品方面，而不是过度地依赖政府的政策、资金。

目前，我国政府在文化产业发展过程中的行政干预色彩依然过强，企业的市场生存能力依然较差。这无疑会阻碍我国文化产业的发展。为此，应减少政府干预，培养文化企业的市场意识，让企业真正面向市场和消费者，而不是面向政府、面向领导。文化产业当前发展的关键是应注重市场化的运作模式，而不是政府不计成本地搞形象工程。

（四）树立文化的服务意识

树立服务意识对于发展文化产业非常关键。在过去，我们只强调文化的意识形态属性，而没有认识到它的产业属性，从而导致文化的生产和传播出现了"对上不对下，对领导不对大众，对内不对外"的局面。文化官本位色彩浓厚以及自上而下的文化灌输方式,不仅导致文化资源的浪费和文化产品的高度垄断,也束缚了广大人民群众创造文化的积极性。目前,文化虽然分为公益性文化与经营性文化、文化事业和文化产业,但其服务职能是相同的。因此,发展文化产业必须树立服务意识,没有服务意识,文化产品就不会有广阔的市场,也就更加不会产生良好的社会经济效益。

二、重视体制与机制创新

文化体制和机制是文化发展的保障,深化文化体制改革是推动文化发展的必由之路。近年来,我国大力推进文化体制和机制改革,取得了一定的成就。但从整体情况来看,我国文化体制改革还没有跟上文化产业迅速发展的步伐。具体表现为:文化生产的计划性与文化产品的市场性之间存在比较突出的矛盾;政企不分、政事不分的现象仍然严重,市场机制对于文化资源的基础性配置作用没有得到有效发挥;布局结构不合理,有些行业如报社、电台、电视台重复设置,造成不必要的人财物资源浪费等。

因此,发展文化产业必须进一步深化改革,大力推进文化体制创新,解放和发展文化生产力。其中关键的一点在于必须区分公益性文化事业和经营性文化产业,对不同性质的文化单位和文化企业,提出不同的改革要求。

对于公益性文化单位来说,要以"增加投入、转换机制、增强活力、改善服务"为重点,构建完善的公共文化服务体系,推动公益性文化单位人事制度、干部制度、分配制度的改革,从而提高其文化服务的水平。

对于经营性文化单位来说,要以"创新体制、转换机制、面向市场、壮大实力"为重点,推动国有经营性文化事业单位的转企改制,使企业走向市场,成为真正能够自我发展、自我约束;自主经营、自负盈亏的市场主体。

三、重视文化内容与形式创新

（一）将文化资源优势转变为文化产业优势

文化的传承和发展并不是对传统的因袭和一味模仿,而是要在继承的基础上勇于创新。文化产业要适应新的时代,就必须创造出异于前人和超越前人的精品。我国作为世界四大文明古国之一,拥有极其丰富的文化资源,但是目前这些文化资源的利用还停留在粗放型的阶段,大量优秀的文化资源还没有被开发成有特色的文化产品,文化产品缺少创新。而我国文化资源被别的国家利用变成知名文化品牌的事例却屡见不鲜。例如,花木兰是我国古老的民间故事,但美国迪斯尼公司以此题材制作出了一部动画片,仅票房收入就达20亿美元。又如,河南温县的天狼鞋厂生产的解放鞋,经过美国设计师沃斯特的创意改造,成了欧美市场上颇为有名的"Ospop"运动鞋,每双售价由原来不到2美元上升到75美元。由此可见,仅仅拥有文化资源是不够的,还必须将其转化为文化产品,这是我国目前文化产业发展面临的最重要的任务。

（二）注重文化内容和形式创新，打造高品位的文化品牌

在提升文化软实力的过程中,文化需求的不断增加、文化市场的逐步开拓以及文化品牌的打造,都要靠文化内容和形式的创新来实现。"文化创新是继往与开来的统一,是形式与内容的统一,是时代性与规律性的统一,是艺术性与市场性的统一,是'下里巴人'与'阳春白雪'的统一。"[1]以昆曲为例,其经历了600多年的发展,现在已经达到了极高的艺术水平,其经典剧目如王世贞的《鸣凤记》、汤显祖的《牡丹亭》、孔尚任的《桃花扇》、洪昇的《长生殿》、沈璟的《义侠记》、李渔的《风筝误》、朱素臣的《十五贯》

---

[1]　汪振军:《中国文化产业创新研究》,郑州:河南人民出版社,2011年,第300页。

等已成为中国戏曲的经典之作。近年来,不少作家以当代人喜欢的新形式来表现经典剧目,如由台湾作家白先勇为主创人员打造的青春版《牡丹亭》深受当代青年观众的喜爱。因此,文化艺术应紧跟时代步伐,即使古老的内容也需要以当代人喜欢的形式来表现,以适应时代的变化。

(三)重视文化创意,打造当代人喜欢的文化产品

创意是文化资源转化为文化产品的过程中最重要的中间环节。尤其是在信息、传播高度发达的今天,文化资源不再是民族独享的精神财富,任何文化资源都可以在具有创意的思想中为我所用,并创造出独特的文化产品。因此,文化资源的开发、利用和竞争从实际上来说,就是文化创意、文化观念、文化传播形式和文化表现方式的竞争。例如,美国仅仅有200多年的历史,文化资源无法与中国相比,但它却拥有超强的文化资源转化能力,它经常利用其他国家的文化资源来打造行销全世界的文化产品。例如,功夫和熊猫都是属于中国的,但美国却利用创意打造了《功夫熊猫》系列电影,畅销全世界。由此可知,文化产业发展的关键就在于对文化资源的加工和转化能力。

我国并不缺乏文化资源,最缺乏的是创意,是把文化资源变成受当代人欢迎的文化产品的创意,是能够体现出民族文化精神和时代精神的创意,是能走出国外吸引外国人的创意。近年来,我国利用创意也开发了不少文化资源,打造了《印象·刘三姐》《印象·丽江》《印象·西湖》《禅宗少林·音乐大典》等一系列山水实景演出。这些演出借助大自然的景观,赋予其丰富的文化内涵,成功实现了人与自然的和谐统一,在国内外都产生了强烈的社会反响,取得了令人瞩目的成绩。但总体来说,还有大量的文化资源等待着被进一步挖掘、利用和创造。强调文化创意,突出文化内容与形式的创新,是我国文化产业的发展方向。

四、强调文化人才创新

相对其他产业而言,文化产业对于人的知识、智慧、创造性有更高的要求。人才是文化产业发展的关键,尤其是在当前一些新兴的文化业态不断出现,产业结构不断调整,知识不断更新的情况下,文化产业人才显得格外重要。

(一)培养文化产业的领军人才

人才是文化产业发展的根本所在,没有一流的人才作支撑,文化产业的发展也就无从谈起。在现代社会,我们既需要像陈寅恪、钱钟书、季羡林等高雅纯粹的文化大家,也需要像余秋雨、易中天、于丹等这样面向大众的文化传播名家,还需要像张艺谋、冯小刚、杨丽萍、赵本山等走向市场的文化艺术家。文化产业是文化与市场相结合的产物,需要特殊的人才,其可以通过自己的特殊才能,带动一批人,将一方的地域文化从地方推向全国,将一般文化变成文化品牌。

以赵本山为例,这位在农村长大的民间文化艺术家,被观众誉为"小品王""中国笑星"。他最大的贡献是将东北"二人转"进行改良,并把它推向了全国。赵本山将自己同他的东北文化推广到全国,由此形成的文化产业也越做越大。2005 年,随着辽宁民间艺术团升格为"本山传媒",赵本山完成了从喜剧演员到文化商人的转型。他的文化企业越做越强,不仅包括以辽宁民间艺术团和刘老根大舞台剧场为基础的演出业,还涉及影视制作业,《刘老根》《乡村爱情》等电视剧先后在电视台播出,受到人们的喜爱,赵本山也因此成为当代农村题材电视剧的"名导"。此外,本山传媒还涉及电视栏目业和艺术教育业。本山传媒集团横跨演出、电视剧、电视栏目和艺术教育等业务,形成了一套完整的文化"产业链","产业链"上的各环节环环相扣。"演出业为影视制作捧红人气,电视栏目业为艺术教育业的学生提供实习平台,而本山艺术学院则为演出业、影视制作业和电视栏目业输送人才。"① 这种独特的商业模式让本山传媒实现了良性循环。由此可以看出,如今文化产业的发展壮大是离不开优秀人才的。

（二）培养引领时尚的文化先锋

目前,中国文化产业相对来说仍然缺少现代精神,缺乏时尚元素,大多数文化产品太传统、太古老,与当今的流行文化、青少年文化有相当的距离,这就导致难以占领广大的青少年消费市场。例如,在流行音乐、先锋美术、现代舞蹈、网络游戏、动漫等方面,我国市场基本被外来文化占领。为此,应注重培养出能够引领时尚的文化先锋。在这方面,周杰伦是典型代表。

周杰伦是来自中国台湾的歌手、作曲人、作词人、演员、导演。在流行文化方面,他无疑是影响广泛的"文化英雄",是当代青少年的"文化偶像"。他在流行文化方面最大的贡献是将内蕴深厚、意境优美的中国传统文化与现代流行文化完美结合起来,他的《七里香》《东风破》《菊花台》《兰亭序》《青花瓷》《双节棍》等歌曲将中国传统的音乐意境与现代西洋音乐配器完美融合,将中国传统文化演绎得十分时尚与流行。中国文化源远流长,要让它实现"创造性的现代转换",就必须多培养周杰伦式的人才来引领潮流。

（三）建立和完善人才培养体系

随着新兴的文化业态不断出现,产业结构不断调整,知识不断更新,人才在文化产业发展中显得越来越重要。现在,从中央到地方都非常重视文化产业的研究和人才培养工作。国家文化部与全国9所大学(北京大学、清华大学、上海交通大学、中国传媒大学、南京大学、南京航空航天大学、华中师范大学、云南大学、中国海洋大学)联合建立了国家文化产业创新与发展研究基地。

---

① 汪振军:《中国文化产业创新研究》,郑州:河南人民出版社,2011年,第305页。

国家教育部从 2004 年开始批准开设文化产业相关专业,截至 2008 年全国已经有 60 多所高校设立了相关院系和专业。

从实际情况来看,我们在文化产业研究、人才培养方面与快速发展的文化产业实践有较大差距。目前,我们培养的人才有较大的局限性:学科单一、知识面窄、孤陋寡闻,不能适应文化产业发展的要求。要改变这种状况,应做到以下几点要求。

一要尽快确立文化产业的学科地位,将"文化"作为一级学科,尽快在我国一些高校率先建立国家级文化产业研究机构、开设文化产业的相关专业,建立完整的本、硕、博一体化的文化产业人才培养体系。

二要加强文化产业的研究。针对我国文化产业发展的实际情况,确立重大项目,组织专家团队,与政府、企业共同研究文化产业的发展战略。

三要加强对于文化管理干部和文化企业人才的培养,提高文化产业工作人员的整体素质。

四要打破学科壁垒,建立专才教育与通才教育相结合的人才培养体系,培养复合型人才。

五要通过有效的人才激励措施,加大对于各类人才的奖励力度。在文化产业人才使用方面,要为人才提供宽松、自由的环境以及施展才华的平台,使人才真正有位有为,各尽其才,脱颖而出。

五、重视文化传播手段创新

传播是连接生产和消费的中间环节,人类学家萨皮尔说过:"每一种文化形式和每一社会行为的表现都或则明晰或则含糊地涉及传播。"[1] 文化传播的主要目的是让更多的人能够接受文化、享受文化,进而改变其思想,提升其素质。因此,传播手段的创新会极大地影响传播的效果和范围,影响文化产品接受者的思想导向。当前,文化产业的蓬勃发展,在很大程度上就依赖于传播手

---

[1]　[美]威尔伯·施拉姆、威廉·波特著,陈亮、李启、周立方译:《传播学概论》,北京:新华出版社,1984 年,第 4 页。

段的不断革新,这在更深层次和更大范围内改变着人们对于文化的认知和体验。

其中,网络作为当前最有影响力的新兴媒体,它在信息传播方面具有传统媒体不可比拟的优势。人们利用网络一方面可以获取信息、休闲娱乐、商务办公,另一方面也进行文化创作、沟通交流。另外,随着手机普及化程度越来越高,手机电视已成为文化传播的新热点。手机电视具有无线可移动性和即时性的优势,具有良好而广阔的发展前景。

在当前新形势下,我们一方面要发挥报纸、电视、广播等传统媒体的优势,体现其导向性、权威性;另一方面又要善于利用网络、手机电视等新媒体,体现其快捷性、互动性,使传统媒体和新兴媒体达到相互融合。例如,《河南日报》与大河网共同创办的《焦点网谈》栏目被评为中国新闻奖新闻名专栏一等奖,开创了河南省报刊界和中国互联网历史上的两个第一。因此,我们必须充分发挥科技在文化产业中的作用,最大限度地促进文化传播手段的创新,提升文化传播的效果。

参考文献

[1] 张胜冰,徐向昱,马树华.世界文化产业概要.昆明:云南大学出版社,2006

[2] 张京成.2015中国创意产业发展报告.北京:中国经济出版社,2015

[3] 魏鹏举.文化创意产业导论.北京:中国人民大学出版社,2010

[4] 吴存东,吴琼.文化创意产业概论.北京:中国经济出版社,2010

[5] 冯梅.中国文化创意产业发展问题研究.北京:经济科学出版社,2009

[6] 周正兵.文化产业导论.北京:经济科学出版社,2009

[7] 陈少峰.文化产业读本.北京:金城出版社,2009

[8] 金冠军,郑涵.文化创意产业引论.北京:中国书籍出版社,2011

[9] 袁薇薇.文化创意产业管理心理学.北京:北京大学出版社,2014

[10] 宫承波,闫玉刚.文化创意产业总论.北京:中国广播电视出版社,2008

[11] 蒋三庚,王晓红.创意经济概论.北京:首都经济贸易大学出版社,2009

[12] 刘泓,袁勇麟.文化创意产业十五讲.成都:四川大学出版社,2012

[13] 张玉国.文化产业与政策导论.北京:高等教育出版社,2006

[14] 欧阳友权.文化产业通论.长沙:湖南人民出版社,2006

[15] 向勇.文化产业人力资源开发.长沙:湖南文艺出版社,2006

[16] 卜希霆.创意起底:文化创意产业先锋思维解码.北京:中国国际广播出版社,2009

[17] 花建.文化金矿:全球文化产业投资成功之谜.深圳:海天出版社,2003

[18] 韩顺法,杨建龙.文化的经济力量:文化创意产业推动国民经济发展研究.北京:中国发展出版社,2014

[19] 李军.文化创意产业投融资创新.北京:中国传媒大学出版社,2014

[20][英]理查德·E.凯夫斯著,孙绯等译.创意产业经济学:艺术的商业之道.北京:新华出版社,2004

[21] 金元浦.重视发展文化创意产业.瞭望,2005(41)

[22] 姚东旭.文化创意产业的界定及其意义.商业时代,2007(8)

[23] 朱晓青.文化创意产业的特点和发展条件探讨.新视野,2006(3)

[24] 花建.创新·融合·集聚——论文化创意产业、信息技术与城市空间三者间的互动趋势.社会科学,2006(6)

[25] 方敏,徐静.文化产业集群研究.企业导报,2011(10)

[26] 屈金,周滨.浅析我国创意产业集群的现状.艺术与设计(理论),2011(1)

[27] 李津.创意产业人才素质要求与胜任力研究.科学学与科学技术管理,2007(8)

[28] 李元元,曾兴雯,王林雪.基于创意人才需求偏好的激励模型研究.科技进步与对策,2011(12)

[29] 杨吉华.未来十年我国文化创意产业发展的六大趋势.中共中央党校学报,2007(1)

[30] 曾涛,王秉琦,占绍文.区域文化创意产业竞争力形成机理差异化研究.统计与决策,2015(21)